内蒙古师范大学文学院学术著作出版基金资助

语文教师教学认知能力研究

张钧　著

南开大学出版社
天　津

图书在版编目(CIP)数据

语文教师教学认知能力研究 / 张钧著. 一天津：南开大学出版社，2021.11
ISBN 978-7-310-06159-4

Ⅰ. ①语… Ⅱ. ①张… Ⅲ. ①中学语文课一师资培养一研究 Ⅳ. ①G633.302

中国版本图书馆 CIP 数据核字(2021)第 219952 号

语文教师教学认知能力研究
YUWEN JIAOSHI JIAOXUE RENZHI NENGLI YANJIU

南开大学出版社出版发行
出版人：陈　敬
地址：天津市南开区卫津路 94 号　　邮政编码：300071
营销部电话：(022)23508339　营销部传真：(022)23508542
https://nkup.nankai.edu.cn

天津午阳印刷股份有限公司印刷　全国各地新华书店经销
2021 年 11 月第 1 版　　2021 年 11 月第 1 次印刷
210×148 毫米　32 开本　7.25 印张　2 插页　193 千字
定价：42.00 元

如遇图书印装质量问题，请与本社营销部联系调换，电话：(022)23508339

目 录

绪　论

本研究基于国家对教师教育前所未有的重视，也基于作者对语文教师专业化教育的多年理论思考和实践经验积累，以及对未来语文课程与教学理论研究发展趋势的思考。

教育质量的提升关键在于教师质量的提升，基于这样的共识，当今世界将提升教师质量作为教育改革首先关注的事情。为了提升教师质量，我国也开展了大量职前和职后教师教育研究，并推行多项改革举措，以期提升国家教师整体水平。如开展师范生专业认证、广泛深层次开展国培计划、加大教育专业学位研究生的培养力度等。在《国家中长期教育改革和发展规划纲要（2010—2022年）》《中共中央 国务院关于全面深化新时代教师队伍建设改革的意见》《教师教育振兴计划（2018—2022年）》《中国教育现代化（2035）》《教育部关于实施卓越教师培养计划2.0的意见》等政策性文件均关注提升我国教师队伍质量和教师队伍专业化建设，以提升国家教育质量和竞争力。

教师专业化培养是有效教学研究发展的选择。我国的语文教师教育领域有效性教学研究经历了名师经验总结与推广、课程与教学理论的推导、学习者积极性调动几个时期。实践证明，语文教学名师示范经验实践效果并不明显，在纷繁多变的复杂教育情境中普适化的语文教学理论实践指导意义也有限，学生学习积极性的调动实际上游离于有效教学的核心，毕竟教学研究的焦点应该是教师的“教”。有效教学的核心是教师实施教学的有效性，只有将教学有效性问题上升到教师专业性问题的视角，才抓住了有效教学的核心问题。当教学研究把语文教学看作语文教师在复杂的教育情境中，运用自己的专业知识解决专业的教学问题，并由此获得专业能力发展的螺旋式循环过程，可能才迫近语文教学的核心问题。以教师为中心的课程与教学研究成为当今世界的主流，众多学者围绕教师认知和教师知识展开研究，就是在教师专业能力发展视角下研究教学有效性问题。

专业化是教师教育的趋势，教师专业化的外在表现是所教学科的专业属性，内在要求则是以教师所拥有的学科知识为核心建构起来的专业化的学科教学能力。在专业化的语文教师教育中，语文学科教学能力的提升一直是核心，针对语文教师教学能力培养，我国研究者基于不同研究路径和理念做过了大量研究。最初，基于思辨研究，对语文教师提出很多教学要求，让其在具体的教学中去达成，在师范教育和职后教师培训方面取得了令人瞩目的成绩，但是也有很多问题的解决尚不尽如人意。之后，随着教师认知研究的兴起和教师专业发展主体性研究的深入，研究者开始关注语文教师教学能力的本体性研究，语文教师教学能力的生成和发展机制逐步进入研究者视野，以此为基础推进语文教师教育质量。目前，教师教育研究领域基本达成共识，教师的教学是发生在复杂环境下的高级认知能力。语文教师也不例外，语文教师教学认知能力是语文教师教学能力的核心，所以，语文教师教学认知能力研究是语文教师能力研究的重要方面，本研究具体内容的确定正是基于这样的前提。

对语文教师教学认知能力的研究可以有效解决四个问题。

第一，处理语文教师专业发展研究中的语文学科属性问题。语文学科属性，尤其是语文学科知识的属性对语文教师专业教学能力属性起决定性作用。这是一个看似常识的观点，但在长期的一般性教师教育研究和专门性的语文教师教育研究中都被忽视。一般性的教师认知研究较难凸显学科属性，学科教学本身是最能突出学科属性的教师专业研究领域，但语文教育领域一直缺乏对语文教师学科教学知识的本体性研究。所以，目前急需一项研究可以以语文教师专业发展的视角，体现语文教师所教学科的专业化特点。本研究力图从凸显语文教师学科专业属性的指向，开展语文教师专业能力研究。

第二，明确语文教师教学认知能力的构成。教师认知经历了教师思维和教学知识两个时期。教师思维研究对教师教授学科的属性彰显不足，而学科教学知识研究目前一方面需要解决具体学科教学知识的问题，另一方面需要深入其如何在解决具体教学问题时发挥作用的微观研究。本书将语文教师的学科教学知识作为认知资源和教师教学信息加工融为一体进行系统研究，进一步彰显语文教学实践的应然状态。

第三，将语文教师教学认知能力研究静态结构和动态发展融为一体。专业教学发展能力也应该是语文教师教学认知能力的重要组成部分。本成果一方面要解决语文教师教学认知能力的静态结构维度，另一方面要对每个能力维度层面水平进行精细化描述，还要对语文教师教学认知能力的发展特征进行聚焦性研究，实现语文教师教学认知能力静态和动态的融合。

第四，以语文教师教学认知能力研究为基础，解释语文课程与教学中存在分歧的相关理论问题。从语文教师教学认知能力研究的视角，对中文学术学科知识和基础教育阶段语文学科内容知识的转化关系，语文课程内容确定的主观化问题，语文课程建构的实践性，学术语文学科核心素养培养视域下学科大概念凝练等问题进行审视，在一定程度上可以给以原理方面的阐释。

语文教育在国家基础教育体系中居于特殊位置，语文教师教育在整个教师教育体系中一直被广泛关注。本研究旨在提升我国语文教师教育的质量，进而扩展语文课程与教学理论研究视野，为提升我国语文教育实践水平做一些贡献。

本研究框架的确立基于两点具体考虑，一是语文教师素养和能力研究的现状，一是语文教学研究范式目前面临的现实困境。所以，本研究从改革开放以来语文教师研究发展的视角切入，逐步聚焦到语文教师认知能力研究，同时从语文教学研究范式选取视角来确定研究的理论依据、研究内容和整体框架。

一、研究缘起和范式

（一）当代语文教师研究概览

有效语文教学需要高质量的职前和职后语文教师教育提供保障。语文教师素养（素质）和能力研究一直伴随着语文教学的有效性和语文教师培训的有效性展开。

在20世纪80年代之前，语文教学研究处于自发状态，所以对语文教师素养和能力的要求也比较朴素，当时的研究者将语文教师需要完成的具体教学任务联系在一起对语文教师急需的素养提出一些具体的要求。如20世纪50年代对语文教师人格方面的要求、普通话方面的要求、改进教学办法方面的要求等。20世纪60年代，优秀语文教师和典型教学经验推广以及对语文教师本身的语文素养等提出要求是语文教师研究内容方面的特点。因为受制于当时我国国民整体的语文水平、语文教育的整体水平、语文教学研究水平和师资队伍的水平，所以语文教师研究整体上很薄弱，但是也反映出研究界对语文教师队伍建设的关注。语文教学名师的实践性学识作为实践共同体中存在的知识形态，只有接受主体通过转化才能变成一种使用的理论，从这个意义上说，名师所总结的知识和经验与一般意义上的知识和经验并没有本质的不同。如果从文化和思维的相似性角度来看，这样的知识容易被其他老师理解和接受也是事实。当时的研究为后续的理论梳理积淀了大量的经验素材，但是从提升语文教师教学有效性的视角，其在名师的示范经验转化为他者实践教学能力方面的意义是有限的，现今的教师实践性学识研究已经证明了这一结论。

基于20世纪70年代末对新中国成立后前30年语文教学的反

思，20 世纪 80 年代系统的语文教学研究逐步开展起来。以十二院校合编《中学语文教学法》为代表，语文教学研究领域的经验总结和理论研究成果逐步成为职前语文教师教育的主要内容，这对语文教师教育产生了直接或间接影响，至今产生了大量专门研究语文教师的论著和论文。本书的研究视角是语文教师教学认知能力，从改革开放后对语文教师研究的文献梳理切入，一方面着力在语文教师研究的大语境中，在历时源流中思考语文教师教学认知能力研究；另一方面，也想从既往语文教师教育研究的沃土中汲取具有语文学科特点的营养，以提升研究的学科针对性。

根据文献梳理可知，因为语文教师研究一直没有成为一个独立的体系化的研究领域，所以学者间的研究话语体系并不统一，研究内容较为庞杂。本文主要根据研究内容对相关文献进行概观性历时梳理。

1. 对语文教师基本功的研究

在各个阶段，语文教师基本功几乎都是一个研究话题，但是研究者对语文教师基本功的理解又不尽相同。有些研究较为零散，强调语文教师应该发展范读能力、朗读能力等；有些研究较为系统和综合，是对语文教师基本功的系统性探讨。相对而言，后者更可以看出各个时期研究者对语文教师基本功内涵和外延的认识。1979 年周风在《语文学习》发文《语文教师要勤学苦练基本功》，文章认为语文教师的基本功包括“观察、阅读、写作、口头表达、备课、写教案、批改作业、听课评课等”[①]，文章认为这些基本功都与语文教学质量密切相关。1981 年侯文达从教师修养的角度探讨了对语文教师基本功的看法，他认为语文教师应该有扎实的基本功，包括“准确、生动、流畅的口头和书面表达能力；要有工整、流利的书写，灵活巧妙的设计，适时恰当的板书的能力；要具有运用普通话正字、正音、朗读、讲课和教学生说普通话的能力；要具有熟练地使用工

① 周风. 语文教师要勤学苦练基本功[J]. 语文学习，1980（3）：47-48.

具书、查阅文献和积累资料的能力”。[①]1981年谭惟翰也从语文教师的听说读写几个方面强调语文教师的基本功。[②]1982年王世堪和章熊则认为语文教师的基本功应该为“读、写、讲、评”。[③]1983年张世功认为中学语文教师的基本功应该包括“掌握教学语言；熟读和背诵300篇以上的诗、词、散文中的传统名篇；会写，包括写字和写文章”。[④]再往后，研究者就开始将基本功作为语文教师素养的一部分进行探讨了，例如，1984年钱威就将听说读写的基本功作为语文教师素养进行探讨。进入21世纪，除特别加入了对文本解读和信息技术的重视，一般将语文教师基本功定位在语文教师的听说读写几个方面，也就是语文教师本身的语文素养表现。

在早期语文师资匮乏的历史背景下，语文教师本身的语文素养是研究者特别关心的问题，所以不断强调语文教师自身听说读写能力对语文教学的价值。即便是当前，还有很多研究者强调语文教师的基本功，这是因为在很长一段时间里，师范教育中确实在培养职前语文教师专业基本功方面较为薄弱。我们要承认语文教师基本功在语文教师素养中的作用，同时也要明确这些基本功只是语文教师从事语文教学的基础性素养，但这里的基本功并不能凸显语文教师的专业特征，并非语文能力方面有突出造诣的个体就是专业的语文教师。

如果一名语文教师具备扎实的语文基本功，那么他（她）就有可能将这些基本功的自觉认识转化为一种知识形态，对自己的教学思维发展具有特殊意义。关于这部分内容的详细论述请参看本研究第二部分。所以，这里需要再一次强调，语文教师的基本功只是语文教师教学认知能力形成的前提条件。

---

① 侯文达. 语文教师修养漫谈[J]. 语文教学通讯，1981（6）：42-45.

② 谭惟翰. 语文教师的听说读写[J]. 语文教学通讯，1981（6）：43-46.

③ 王世堪，章熊. 试谈语文教师的业务修养[J]. 北京师范大学学报，1982（2）：82-89.

④ 张世功. 我谈中学语文教师的业务修养[J]. 语文学习，1983（3）：2-5.

2. 对语文教师素养（修养）的研究

对语文教师素养的研究分为两大部分，一部分是概论性的研究，一部分是对具体素养的研究。

概论性研究方面。1979 年罗竹风用漫谈式的笔法发表对语文教师修养的观点，文章总结起来包括以下几点：语文教师应该“兢兢业业”；“做愉快的语文教师，不断地进修，扎扎实实练习基本功”；“多读书，不断扩大语言环境”。[①]1982 年王世堪和章熊也发表了对语文教师业务修养的看法，文章认为语文教师成长的周期较长，应该分阶段发展自己的基本功，不断掌握相应的教学规律，力争形成自己的教学风格。[②]以上研究还没有明确提出语文教师的素养结构，1984 年钱威较早明确提出语文教师素养的构成，文章认为语文教师素养应该包括较高的德育素养、语文素养和语文教学法素养。[③]随着各种版本语文教学论的教材的出现，语文教师的修养或者素养一般都会作为一个章节出现。以下观点具有代表性：1990 年陈毛美、郑蓉芳从具备语文教师的条件出发讨论了语文教师素养，包括语文教师的品德修养、知识储备、业务能力。[④]语文教师的品德修养包括职业思想、职业品格、职业情感；语文教师的知识储备包括语文知识、教育理论和相关知识；语文教师的业务能力包括教学基础能力、教学基本能力和教学发展能力。其中教学基础能力指的是听说读写的基础能力；教学基本能力指的是备课、施教和考核能力；教学发展能力指的是教学总结、研究能力。1999 年余建中认为语文教师应该具备如下的素养：良好的师德、健康的审美情趣、扎实的语文教学基本功、渊博的文化素养、良好的心理品质和健康的身体素质。其中语文教学基本功包括：备课、组织教学、掌握教学语言和

---

① 罗竹风. 漫谈语文教学和教师修养[J]. 语文学习，1979（3）：2-4.

② 王世堪，章熊. 试谈语文教师的业务修养[J]. 北京师范大学学报，1982（2）：82-89.

③ 钱威. 论中学语文教师的地位、作用和素养[J]. 湖州师专学报（社会科学版），1984（2）：81-87.

④ 陈毛美，郑蓉芳. 中国语文教材教法[M]. 长春：东北师范大学出版社，1990.

听说读写能力、灵活掌握和运用教学法、进行语文测试、进行语文课外活动、进行语文教研。[①]1999年周庆元从语文教师的心理品质、职业道德、教学能力和心理健康等方面对语文教师素养进行了探讨。[②]李颖、张彬福认为小学语文教师的素养结构包括职业道德、文化知识、教师能力。职业道德包括职业意识、职业感情和职业行为；文化知识包括语文专业知识和较高的文化水平；教师能力包括教育能力、教学能力和科研能力。其中教学能力包括组织和使用教材的能力、言语表达能力、组织教学能力、教学评价能力；科研能力包括确定课题、研究课题、研究成果的鉴定与推广。[③]苏立康（2003）认为语文教师素养结构包括：知识结构、教学能力结构、科研能力结构。[④]余文森，郑金洲（2005）认为语文教师素养应该包括知识结构、能力及教学研究。[⑤]朱绍禹（2005）认为语文教师能力素养包括专业自我表达、教学实践能力、教学研究能力和交往合作能力。[⑥]阳利平（2008）认为语文教师素质由专业知识、专业能力和专业情意构成。[⑦]之后关于语文教师素养的研究也没有突破情意、知识、能力、心理品质几个维度。

语文教师具体素养研究方面。大量研究强调语文教师应该发展文学素养、审美素养、教育技术素养、阅读素养、普通话素养、师德素养等等，基本上是在已有维度中的菜单式罗列。这些研究还是在已有的语文教师素养研究框架下的具体探讨，研究的深度和理论层次并没有本质上的推进。

总的来看，对语文教师素养的研究让我们从全视角思考语文教师发展方向问题，提升了语文教师理论研究的层次。但是，发展到

① 张定远. 中学著名语文特级教师教育思想精粹[M]. 北京：语文出版社，1999.
② 周庆元. 中学语文教育心理研究[M]. 长沙：湖南师范大学出版社，1999.
③ 李颖，张彬福. 小学语文教育学课程学习指导书[M]. 北京：高等教育出版社，2000.
④ 苏立康. 中学语文教学研究[M]. 北京：中央广播电视大学出版社，2003.
⑤ 余文森，郑金洲主编. 新课程语文教与学[M]. 福州：福建教育出版社，2005.
⑥ 朱绍禹. 中学语文课程与教学论[M]. 北京：高等教育出版社，2005.
⑦ 阳利平. 教育变革中的语文教师专业素质研究[D]. 华东师范大学，2008.

现在，尤其在语文核心素养的大背景下看待语文教师素养研究，有些问题还没有解决。首先，在语文教师素养结构中，各个维度之间的权重和联系并没有深入揭示，是否也存在语文教师核心素养和非核心素养的划分是需要进一步回答的问题；其次，现有的语文教师素养基本上采用演绎的方式，对语文教师学科属性的体现并不多，语文教师的核心素养有没有特征，这也是需要进一步研究的问题；最后，因为主要采用演绎法，缺乏严密的学理论证，所持理论依据和整体的研究层面也不统一。所以，语文教师素养还有很多研究空间。

语文教师素养具有综合性的特点，其中一定有作为教师共性的素养，也有作为语文教师特征化的方面，可以肯定其中与语文教学密切相关的素养一定是最能体现语文教师专业特征的素养方面。对语文教师素养概观性的梳理还不足以聚焦语文教师教育的核心方面，所以后文将对语文教师素养中与语文教学密切相关的素养维度，从学理层面进行细致梳理，为语文教师认知能力结构研究打好全维度理论基座。

3. 对语文教师知识的研究

从推进语文教师教育专业性的角度看，语文教师知识是体现语文教师专业属性的核心指标。改革开放之后，语文教师知识研究大体分为两个时期。

2009 年之前，很多学者围绕语文教师专业知识结构进行了研究。20 世纪 80 年代，有研究者认为语文教师专业知识就是语文学科知识，强调语文教师应该学好中学语言文学类相关课程的知识。早期也有学者认为语文教师光有语文知识还不够，还应该有广泛的自然科学知识和社会知识。但是，随着师范院校语文教学论课程的开展，研究者逐步认为语文教师还应该具备教育学和心理学方面的知识。2000 年之后，虽然有学者采用不同的理论框架分析语文教师知识，但一直没有突破中文学科知识、广博的一般知识、教育心理知识这一语文教师专业知识构成框架。[①]这种研究思路和方式还是对语文教师知识的要求，并没有从教师专业发展的动态视角对语文教师知识进行研究，而且由于采用演绎的方式，这些研究成果并没有体现出语文教师知识的学科属性。

2009年之后，研究者开始借鉴西方教师知识理论和研究范式，对语文教师知识展开针对性研究。如朱晓民对语文教师学科知识的研究[②]，张钧以文本解读为基点开展的语文学科教学知识研究[③]，徐鹏对职前语文教师学科教学知识的系统研究[④]等。姜美玲采用质性研究的方式对语文教师实践性学识进行了研究。[⑤]高晶通过课例研究对语文教师话题PCK提炼进行了研究。[⑥]这些研究从语文教师专业化的视角开拓了语文教师知识的研究视野，但是由于对一般教师知识研究的范式借鉴还处于起步阶段，所以还是没有凸显语文教师学科属性，另外，现有研究更多是对知识结构和发展特点的自然描述，对有介入培训下的语文教师发展特征研究也较少。今后的语文教师知识研究要从学科属性和动态培养的视角向前推进。

4. 对语文教师教学能力的研究

语文教师教学能力研究包含在语文教师素养研究中，一直被认为是语文教师素养的重要方面。早期语文教师教学能力研究和语文教师基本功的探讨往往联系在一起。20世纪80年代，语文教学论研究兴起，语文教学能力研究逐渐功能取向化，也就是说语文教师的教学能力研究与语文教师要完成的教育教学任务指向紧密联系，所以语文教师教学能力系统也被划分为教学设计（备课）能力、教

---

① 张钧. 语文教师文本解读教学化研究[M]. 北京：中国社会科学出版社，2015.

② 朱晓民. 语文教师教学知识发展研究[M]. 北京：教育科学出版社，2010.

③ 张钧. 语文教师文本解读教学化研究[M]. 北京：中国社会科学出版社，2015.

④ 徐鹏. 发展学科教学知识：语文教师专业成长的新路径[M]. 北京：北京师范大学出版社，2016.

⑤ 姜美玲. 教师实践性知识研究[D]. 华东师范大学博士学位论文，2006.

⑥ 高晶. 课例研究：语文教师话题PCK的提炼与改善[D]. 上海师范大学博士学位论文，2012.

学组织能力、教学方法运用能力、教学评价能力、信息技术使用能力。这种能力菜单式的外在要求为语文教师教学能力体系建构做出理论贡献，语文教师教学课程以及职前和职后的语文教师培训一般都是参照这样的语文教师能力体系开展工作。21 世纪，一些研究者开始从语文教师心理角度思考语文教师教学能力体系，其中影响最大的是刘淼。刘淼从认知心理学视角提出，语文教师教学能力不应该局限于指向功能的外在行为系统要求，而应该从教师认知操作、认知监控和自我发展等视角重新思考语文教师的能力素养。①可惜从这一方向对语文教师能力进行研究的人数较少，该研究路径并没有成为语文教师能力研究主流。2012 年之后仅有两篇博士论文专门从教师认知角度专门研究语文教师能力。②

每一次语文课程变革都对语文教师能力提出一些新的要求。从语文教师专业发展的主体性角度讲，这些要求可以为语文教师发展起到定向、信念影响作用，但是语文教师在这些能力要求面前也很矛盾。2010 年前后，本研究就语文教师素养方面向 20 余名北京市语文教育界的专家型教师征求意见，这些老师看到关于语文教师教学能力的菜单式条目，一方面表示语文教师如果具备了这些条目所要求的能力一定会是优秀的语文教师，另一方面也表示其实从教师成长的角度看，语文教师更关注如何掌握这些能力。这一调查对本研究之后的语文教师教育范式选择产生了重要影响，语文教师教学认知能力随后进入了本研究的视野。

通过对语文教师研究的历时梳理，本研究大体勾画了语文教师研究的脉络。在国家加大教师教育投入，大力振兴教师教育的大背景下，语文教师教育研究需要面对当前教师教育中的问题。根据学者的调查，职前教师对大学教学论课程在提升自身专业能力方面的作用并不满意，职后教师则认为现有的教师教育理论成果要么看不

① 刘淼. 当代语文教育学[M]. 北京：高等教育出版社，2005：387-396.

② 张钧. 语文教师文本解读教学化研究[M]. 北京：中国社会科学出版社，2015.

懂，要么没有用。具体到语文教师教育方面，需要重新审视现有研究成果在语文教师职前培养和职后培训中的价值，需要思考在这样的语文教师教育研究体系下的语文教师教育的有效性。如何将语文教师教育问题和语文课程实施的有效性问题建立紧密联系，本研究重新审视了语文教学研究的范式，继而认定语文教师教学认知能力应该是未来语文教师研究的核心内容。

（二）语文教师教学认知能力研究范式的确立

1. 当代语文教学研究范式的困境

语文教学研究成果只有转化为对语文教师有效教学的直接影响才算是产生了价值。事实上，当代语文教学研究面临的重大问题就是理论研究和指导具体教学实践的脱节。语文教学理论研究成果的话语系统与语文教师本土性教学情境话语体系之间的鸿沟，使得语文教师难以理解语文教学理论研究成果，进而影响了对其专业发展影响的有效性。以往，语文教育研究领域一直致力于通过理论知识传授帮助语文教师构建理解语文教学理论研究成果的话语体系，但是目前随着教师实践性学识研究的兴起和发展，越来越多的研究者意识到，语文教学研究领域更应该对自己的教学研究进行反思。反思的内容应该包括：语文教学研究产生的知识到底对语文教师的教学实践有没有指导意义，如果有指导意义应该如何发挥作用，等等。在现有研究范式下的教学研究成果和语文教学实践相脱节，这与当下的教学研究范式有直接关系，如果要改变语文教学研究与语文教学实践相脱节的现状，语文教学研究需要在研究范式方面取得突破。那么当下的语文教学研究面临什么困境，造成这种困境的原因又是什么呢？

当下语文教学领域以“目的—手段”和“社会—语言”为主要的研究范式，这两种研究范式各有优势，同时也存在先天的局限。

“目的—手段”研究范式与具体的语文教学任务结合在一起，完成相应的教学任务就是目的，语文教学研究就是通过教学手段的优化更好地完成语文教学任务。在“目的—手段”研究范式下，教学被看作一个任务完成系统，相伴随的教学研究就是一个旨在构建和优化教学手段体系的过程，研究成果就为语文教师的教学提供一套教学问题解决操作系统。这套体系结合了教学目的形而上的思辨性与教学手段的实践性，为语文教学研究提供了在一个完整体系内理解和解决语文教学问题的角度，所以“目的—手段”的教学研究范式长期以来在语文教学领域形成一枝独秀的局面，目前仍然是语文教学研究的主导范式。

但是，“目的—手段”研究范式也有劣势，并且在当下显现出一些问题。本研究将 20 世纪 80 年代至今出版的语文课程与教学论专著的体例和内容进行了对比，这些作品编写的体例和内容高度趋同，主要包括以下内容：语文课程的性质、语文教学目标、语文教学内容、语文教学的组织、语文教学过程、语文教学方法、语文学习理论、语文教学设计、语文教学评价等。近来，高等师范院校的课程改革将各个学段语文教学设计作为独立的课程进行设置，但是整体的内容体系还是沿用了过去语文教学论的理论框架，目前流行的几部教材主题内容还是从教学要素切割的角度对教学设计进行阐述和实践指导。可以看出，以往和当下的语文教学理论构建还是沿着“目的—手段”的研究范式在运行。综合相关研究，本研究认为在“目的—手段”范式下的语文教学研究有以下局限。首先，语文教学目的研究主要来自形而上的哲学思辨，研究思路和方法主要是理论演绎，所以研究的内容和结论只在单纯的理论推演层面进行，这样处理不当往往造成教学目的研究的虚无和模糊。其次，在理论思辨基础上进行的教学手段研究很容易出现脱离教学实践的情况，因为教学实践要面对的是特定的具体的复杂情境。再次，当下语文教学论的研究要素源于普通教学论的研究，语文教学研究者往往用教学目的、教学任务、教学内容、教学方法、教学组织、教学程序和教学评价等要素构成的理论框架对语文教学现象进行演绎性研究，难以触及语文教学在学科属性方面的本质性问题。最后，语文教学研究要素下具体内容的研究所依据的理论观点来源较广，如哲学、心理学、教育学、中文学术学科理论及教学经验的总结，这些理论依据的选择受研究主体主观选择的影响较大，所以研究成果虽然较多，但因研究出发点不同，出现大量的论争和分歧。这些都说明了我们需要反思目前作为语文教学主流的“目的—手段”研究范式，语文教学研究领域应该在研究方法论的层面寻求语文教学的突破。

在语文教学研究领域，语文教学理论构建方面主要采取的是“目的—手段”的研究范式，而在具体的课堂实践研究中采用的主要是“社会—语言”范式。当下的语文教学研究重视对课堂实录的研究和分析就是“社会—语言”研究范式在语文教学领域广泛流行的一种表现。采取这种研究范式的研究者在占有课堂实录材料的基础上，通过师生对话的内容与形式分析，归纳和提炼对语文教学有价值的信息。“社会—语言”的研究范式在新课改之后获得较快的发展，这可以从语文教学研究专业类杂志所刊用的以该研究范式进行研究的文章数量和比例方面看出。“社会—语言”研究范式以课堂教学的原生形态作为研究对象，以往“目的—手段”研究范式下的很多研究内容在“社会—语言”研究范式下得到重视，例如师生双方的互动关系、师生双方的现场表现、对具体教学产生影响的相关因素分析等。在“社会—语言”研究范式下，师生之间对话的动态过程成为研究的主要内容，研究者本身作为研究的工具使用解释和理解的方式，归纳出的结论与具体的教学内容和教学实践情境紧密结合，所以“社会—语言”研究范式在当下语文教学研究领域较为流行。但是，“社会—语言”研究范式是通过质性研究的方式进行的，表现出如下弊端：首先，由于研究者本身作为研究工具，其知识构成、观念对研究过程和结论产生重要影响，所以研究结论很难保证客观；其次，研究者往往使用的分析框架还是“目的—手段”的研究成果，这样在语文教学研究领域的“社会—语言”研究范式还是在“目的—手段”作为上位范式的指导下运行，没有从根本上脱离理论演绎的研究倾向；最后，这种研究范式仍然在教学行为结果表现的层面对教学现象进行探讨，并不能对其原因进行客观的揭示。

在语文教学研究领域,“过程—结果”研究范式并没有成为主流，教师认知范式刚刚兴起。其实在一般教学论研究领域，教师认知研究范式是在对“过程—结果”研究范式的批判基础上发展起来的，但是在语文教学领域由于缺乏“过程—结果”研究传统，所以没有经历这样的范式转型过程，教师认知研究范式是移植于一般教学论或其他学科教学研究。从“过程—结果”研究范式本身的特点出发，结合语文教学研究领域以该范式进行的有限的教学研究可以看出，“过程—结果”研究范式虽然可以证明语文教师的行为会对学生的学业成绩产生影响，但是该范式是脱离实际教学实践情境、具体教学内容和师生认知特点的，所以对语文教学实际的指导意义也是有限的。教师认知研究范式将教学看作语文教师在自身知识基础上进行的判断与决策的实践活动，语文教师的知识与认知操作决定其行为，进而影响语文教学效果。教师认知研究范式力图揭示语文教师行为背后的支持性因素，主要的研究领域是教师知识和教师思维。教师认知研究范式作为一种新型的研究范式正在语文教学研究领域不断地发展，该范式一般在教师自身特点方面开展教学研究，容易忽视教师的非智力因素和教学环境对教学的影响，从而造成教学研究的片面化。

从整个语文教学研究范式形态分布看，虽然“社会—语言”研究范式已经有相当的发展,但是当下的语文教学研究还是以“目的—手段”为主要的研究范式，这尤其表现在教学理论的建构方面。长期以来，其他研究范式处于从属和边缘地位，语文教学研究在封闭的体系内运行，限制其发展。这种语文教学研究状态造成的直接结果就是语文教学研究经验化、理论水平低及与教学实践脱离等现实情况。更令人担忧的是，从现有的语文教学研究文章看，该领域没有专门对语文教学研究方法论进行讨论的，语文教师这一群体对语文教学研究本身的哲学思考很少。然而，语文教学研究的向前推进需要对语文教学研究认识论和方法论进行深入的思考，其中语文教学研究范式是重要的方面。这对于建立语文教师教育的理论课程和实践教学体系有深远的意义。

2. 以教师认知为中心的研究范式的确立

本研究想寻找一种既能体现语文学科属性，又对语文教师教育更具有指导意义，并且能真正提升语文教师教学有效性的研究范式。选择以语文教师认知为中心的研究范式出于对现有范式的权衡，以及对语文教师教育研究未来走向的判断。

首先，现有的教学研究范式在指导语文教师教育方面的作用有局限性。目前的语文教师教育在语文课程与教学论的理论框架下进行，这一框架的建立主要演绎自一般的教学论。虽然历代研究者努力在课程与教学论课程研究和建设中强化语文学科属性，但是因为研究范式的局限，整体上还是对语文教师外在理念和行为方面的要求。而有效的语文教师教育是激发师范生和职后语文教师产生学科教学知识和实践性学识，帮助他们在具体的语文课堂情境中解决语文教学的现实问题，同时还要帮助他们专业方面的成长。所以，语文教师教育研究一定要与语文教师发展的阶段性、学习特征和发展特征建立联系。目前的语文教学研究范式只能做到对语文教师素养和能力要求菜单的罗列，而在帮助语文教师提升这些素养方面的作用有限。语文教师的教学认知能力可以作为联系语文教师学习和发展的支点，研究成果应当与语文教师的成长需求对接，更能推进语文教师教育研究和语文教学的有效性。

其次，语文教师认知范式的选择顺应世界潮流。从 20 世纪 80 年代开始，世界范围内课程与教学研究的中心已经是教师认知，北京师范大学林崇德团队对一般教师的认知进行了系统深入的研究，在国内外较有影响，但是语文教育领域对这一世界性潮流并不敏感，至今研究者和研究成果寥寥。下面对教师认知研究范式的兴起和发展做一概述。

世界范围内课程与教学研究范式的转型是在对“过程—结果”研究范式批判的基础上建立起来的。在“过程—成果”研究范式下的教学研究并不能回答如下问题：教师行为和学生成就之间的关系是如何发生的；教师行为与学生成就之间为什么会发生关系。伴随着对“过程—结果”研究范式的批评，20世纪70年代美国的教学研究领域提出了“中介过程”教学研究范式。“中介过程”教学研究范式认为，在教学研究中单单研究教师的行为是不足以解释教学中的现象的，教学研究应该揭示教师行为背后诸如思考、计划和决策等中介因素，即教师思维。研究者持这样的认识：首先，教师是依靠思维完成任务解决教学问题的专业人员；其次，教师的思维决定着教师的行为。①在具体的研究中，教学计划、决策和反思的研究先后也有较为独立的时间段，教学计划的研究主要集中在20世纪70年代末和80年代初；教师思维和决策的研究集中在20世纪80年代和90年代；而教学反思的研究则是近十几年教师思维的主要内容。教师思维研究将以往课程和教学研究范式视野外的内隐性活动作为研究中心，但是同时，教师课程思维研究也暴露出局限性。首先，只对教师思维的研究将教学情境和教学过程中的非智力因素排除在外，这与真实的课堂情境是不相符合的；其次，教师思维研究集中在思维的过程、特点和影响因素方面，而对教师思维的支持性因素关注较少。基于这样的问题，后来研究者开始致力于探寻教师思维背后的支持性因素，20世纪80年代以来，世界教学研究对教师思维的研究中心转移到教师知识。研究者越来越意识到教师知识在很大程度上影响着教师的教学决策和行为，进而影响着学生的学习，其中教师知识对课程决策的影响就是重要的研究内容。教学活动的性质决定了教师知识的特殊性，表现为教师不仅要掌握特定的学科知识，同时还要考虑学生的特点，把自己掌握的知识转化为学生可以理解的解释，促进学生的发展。②在教师知识研究领域，影

① Shavelson R. J., Stern P. Research on teachers' pedagogical thoughts, judgments, decisions, and behavior[J]. Review of Educational Research, 1981(51): 455-498.

② Shulman L. Knowledge and teaching: Foundations of the new reform[J]. Harvard Educational Review, 1987 (57): 1-22.

响较大的是施瓦布和舒尔曼。施瓦布的教师“实践性学识”是针对课程研究的发展提出的，而舒尔曼的教师知识研究是针对教师专业发展提出的，他提出的学科教学知识（PCK）成为目前教师研究的焦点。在二者的研究基础上，课程与教学的研究者在教师知识领域开展了广泛的研究，对教师知识和教师教学表现的关系进行了深入的揭示，确立了教师专业性的核心就是专业知识及其性质。教师知识的研究虽然从实证研究的角度对教师知识的来源进行了卓有成效的研究，[①]但是缺乏从理论层面对教师知识形成和发生作用的机制进行探讨。“反思性实践理论”成为教师研究的另一个领域。

基于语文教师教育的现状，对教师认知研究进行概括性梳理，长期总结语文教师的经验，本研究认为语文教师教育的核心是语文教师的学科教学知识。目前已经有学者对语文教师学科教学知识的构成、来源和发展特点进行了研究。今后学科教学知识的发展方向是通过介入性培养，借助反思性实践理论提升职前和职后语文教师学科教学知识发展的有效性。在我们培养语文教师的过程中发现，语文教师使用学科教学知识进行教学思维，同时在教学思维实践中又在验证和发展自己的学科教学知识，二者是互动关系。但是，教学思维的研究和教学知识的研究并没有实现深度融合。本研究确立的语文教师教学认知能力研究的方向就是对二者的互动发展关系进行深入研究。

二、语文教师教学认知能力研究的价值

本研究的重点不在于对语文教师行为做出规定性的要求，而是从认知心理学层面对语文教师认知能力进行研究。本研究认为，语文教师学科知识教学化是其在具体的语文教学情境下解决课程问题

---

① 范良火. 教师教学知识发展研究[M]. 上海：华东师范大学出版社，2003：53-212.

的实践能力。本研究目的在于从认知心理学的视角，解释语文教师教学认知能力的构成、构成要素的内涵以及发展特征。这些研究有如下意义。

（一）完善语文课程与教学理论框架

当今语文课程改革面临着困境，其中重大课题就是如何处理国家语文课程、学校语文课程与课堂情境语文课程之间的关系与矛盾。[①②]语文教师学科层面的学科知识向课程的转化过程本质上就是语文教师建构课堂课程内容的过程，作为语文课程的具体实施者，语文教师是解决当前语文课程改革中主要矛盾的核心因素。

当前的语文课程研究大多是从以下几个要素展开的：语文课程的性质（功能）、语文课程的理念（取向）、语文课程资源、语文教材和语文课程评价。课程开发范式下的文本解读课程研究积累了很多经验，例如：文选系统的编排、相应习题系统编排、背景材料的提供、学生文本解读学习特点的探索等。这种典型的课程开发范式下的语文课程理论研究也存在以下弊端。首先，中文学科及语文教学领域对“语文学科知识”本身的认识不明确，使得课程开发研究中语文课程内容的确定缺乏学科知识方面的支持，导致追求固定语文课程内容的程序开发陷入困境。其次，由于学生语文学习的复杂性，语文课程研究领域对语文学习目标的把握并不明晰，导致语文课程开发缺乏语文素养目标方面的有效依据，语文课程内容目标方面的确定也同时存在难度。最后，在课程开发范式下勉强建立的语文课程开发程序与实际的语文课程实施之间相去甚远，使得课程专家研究的语文课程理论在语文教师的课程实践中得不到有效落实，语文课程实践对语文课程理论建构的反馈意义也有限。语文课程研究和课程开发往往是在一个封闭式的理论研究循环系统内进行，并

---

① 李海林. 语文教学内容研究的进展、问题及策略[J]. 中学语文教学，2010（10）：9-14.

② 王荣生. 确定教学内容：不应是问题的问题[J]. 中学语文教学，2010（9）：4-7.

没有对课程实践进行深刻的反思，因而逐步走入课程研究的困境。事实上，学生的阅读经验是在学生与文本传达内容之间的认知关系、课堂个体间沟通交流的人际关系、学生先前经验和现有经验之间相互对峙的反思关系三个维度上的展开过程。这种三维关系被当代课程理论界认为是“认知”“社会”和“伦理”三位一体的关系。这种对于课程的理解揭示了课堂教学中课程的真实形态，语文课程可以看作既是学生多层认知的过程，也是学生社会、伦理实践过程。[①]基于这样的现状，在一定情境中语文教师拥有很大的课程与教学决策权。

在此背景下，我们需要在原有对语文教师做规定性要求的视角进行语文课程与教学理论的研究基础上，扩展新的研究视野。本研究对语文教师教学认知能力理论的研究，就是依据语文综合性和实践性强这一特点，从语文教师“拥有什么知识”“如何解决语文课程与教学问题”的视角，丰富和发展语文课程与教学理论。

（二）完善语文教师专业发展理论

语文教师专业发展理论已经成为新课改中语文教育研究的热点。以往语文教师研究主要从任务分析的角度对语文教师的行为素养目标进行规定性的描述，语文教师素养结构成为语文教师专业发展研究的主要内容。本研究发现，现有的语文教师专业发展理论没有对语文教师素养的来源、运行机制及影响因素等问题进行深入的理论和实证研究。在语文教师教学方面的研究集中在对语文教师教学准备和课堂教学行为做出结果性的要求，并没有对语文教师学科层面的学科知识向课程形态的经验转化的过程、支持性条件和影响因素进行有效的揭示。缺失情境、过程及教师认知的语文课程建构和实施研究对语文教师学科知识教学化实践的指导意义是有限的。

语文课程与教学研究承担着促进语文教师专业发展的责任，语

① 佐藤学. 课程与教师[M]. 钟启泉，译. 北京：教育科学出版社，2003：223-226.

文课程与教学研究成果应该是语文教师教育课程的核心内容，并对语文教师的专业发展产生积极有效的影响。但是现有的语文课程与教学研究往往是和语文教师教学实践脱节的。以往语文教师研究范式下的语文课程建构和实施研究的理论来源于理论演绎，而行为指标来源于经验、调查或实验，总体来说研究结果是防备情境和教师认知的，与实际的教学相去甚远。由此形成的语文教师素养体系既不能全面解释语文教师原生形态的语文学科知识如何转化为语文课程进而影响学生语文学习的实际状况，也难以对语文教师的教学实践进行直接而有效的指导。教学和学习是文化和社会实践的一种形态，对于语文教师而言，语文课程的建构和实施是在复杂的文化、社会背景中产生的旨在解决语文教学中复杂问题的持续不断的实践过程。要想改变语文教学研究的现状，研究者必须要把语文教师课程的建构和实施当作“实践”来理解，而绝不仅仅是“技术”。如果还是沿着以往对语文教师的行为进行技术化要求的思路进行研究，对语文教师课程建构和实施能力发展的本质仍然无法探寻，这制约着对语文教师课程建构和实施能力发展的有效指导。所以，本研究从语文教师认知的层面对语文教师能力进行研究，并在此基础上提出语文教师认知能力发展理论，对深化语文教师专业发展理论研究具有重要意义。

（三）促进语文教师教学能力的发展

本研究将对语文教师课程建构与实施的思维方式转换产生积极的正面影响，促使语文教师真正实现从语文课程机械的执行者向课程的建构者和课程实施的决策者转变。首先，本研究可以使语文教师在教学中的角色定位更加清晰。长期以来照搬教参和有经验教师的语文教学内容和形式，前者不去理会自己的教学信念，这样的教师是没有自己教学生活的教师，很难成长为真正意义上的语文教学专业人员。本研究可以让语文教师意识到，课堂语文课程建构与实施是动态的、多元的和生成性的系统。教师必须具有高超的理解能力和教学机智，对语文课程具有选择和重组的判断和决策能力，针对具体的课堂教学情境有语文教学内容和形式的应变智慧，这样的语文教师才是在真正的自我思维中生活着，体验和经历着真正属于自己的在语文学科知识空间中构建起来的课堂教学，并因此影响着学生的成长和发展。其次，本研究能够通过研究语文教师课程建构和实施的认知机制，使语文教师可以对照本研究的结论对自身语文教学进行认识和批判，提高语文教师的反思能力，使其成为真正意义上的反思型教师，并因此强化自己语文课程的建构者和语文教学决策者的“专业形象”。如果本研究成果可以成为语文教师教育的内容，那么语文教师专业发展的初期就可以得到理论和实践的指导，这对语文教师教学设计、教学实施和教学评价等具体教学行为能力的发展具有重要的意义和价值。

三、本研究的路径、思路与过程

（一）研究路径选择

语文教师教学认知能力研究通常是分别在各自的研究领域进行。教师思维研究追求普适性的教师课堂教学决策过程和影响因素，教师知识研究更多从教师知识的属性、内涵及发展等方面展开，而反思性实践注重探讨教师实践性学识的发展。本研究试图将语文教师学科教学知识、语文教师思维以及二者在实践场域中的互动发展统摄在一起进行研究。在研究过程中着力凸显语文教师专业属性，借鉴教师认知能力模型，既注重语文教师教学认知能力静态结构维度的揭示，也注重语文教师教学认知能力动态发展规律的发掘。

（二）研究思路

本研究首先对语文教学研究的范式进行了梳理和探讨，在此基础上提出了本研究的范式取向。在现有的语文课程与教学研究基础上，本研究提出了具体的研究内容和路径。在构建语文教师认知能力模型的基础上，本文着重从认知资源、执行控制和自主发展三方面对语文教师教学认知能力机制进行研究，尽量通过实证的形式对理论进行验证。

语文教师认知能力模型理论的构建和语文教师认知心理机制的理论研究综合了文献研究基础上的理论演绎和基于大量语文教育经验的理论提炼，同时也借助了一些实地调查的材料进行了相关观点的论证。文献主要有三部分：一是教师认知研究的文献；二是现有的语文教师教育研究相关文献，包括教师基本功、教师素养、教师能力、教师知识、教师发展等；三是当代语文特级教师的教学思考与行为表现。本研究的语文教师教育经验和调研资料来自长达 15 年的职前语文师范教育、职后语文教师培训、带学生实习、与一线教师的合作项目、指导一线教师获得教育硕士学位等。在语文教师自主发展部分，本研究运用行动研究情境下的质性研究技术，对语文教师的教学反思进行微观描绘，并提炼了扎根理论。希望为后续的大规模研究提供启发。

（三）研究过程

本研究首先对语文教师素养和能力研究的相关文献进行了梳理，在《语文教师文本解读教学化》和《当代语文教学研究范式的现状、困境与突破》两篇文章的基础上重申了语文教学研究范式的问题，聚焦了本研究的问题、理论依据、研究内容等。

接着，本研究采用漏斗形结构，从语文教师素养的多维梳理出发，提出了语文教师教学能力理论，又从语文教师教学能力理论中抽取了语文教师教学认知能力理论。在此基础上，本研究构建了语文教师教学认知能力理论结构，为后文研究建立了分析框架。

本研究依据语文教师教学认知理论框架，对其中的相关要素进行了精细化探讨，包括语文教师教学认知资源论、语文教师教学认知执行控制论、语文教师教学认知自主发展论。

（四）研究方法

1. 文献研究法。在梳理相关文献的基础上，聚焦研究问题，为理论研究和实证研究奠定知识基础。

2. 访谈法。采用扎根理论基础，对中小学语文教师进行深度访谈，之后采用编码和语义分析及技术，提炼观点，构建理论观点框架。

3. 因素分析法。在局部研究中，本研究使用了因素分析法这一国际主流的能力维度构建和检验技术。

4. 行动研究法。在语文教师教学认知能力培养研究中，本研究采用了行动研究法，结合质性研究技术探索了职前和职后语文教师教学认知能力发展培养的特征和方式方法。

第一章　语文教师教学认知能力的性质和结构

本研究采取比较的策略对语文教师教学认知能力性质进行研究，将语文教学认知能力置于语文教师素养的整体结构中，在与语文教师素养结构中其他要素的对比中，看待语文教师教学认知能力的性质。本研究首先整体上梳理了语文教师素养的全貌，之后剥离了其中与教学认知能力关系不大的成分，保留了语文教师教学认知能力涵盖的内容，并对这些内容的属性进行了概括，凝练了语文教师教学认知能力的属性。语文教师教学认知能力的静态维度研究部分，采取了国际通行的因素分析法，通过理论建构和实证检验相结合的方式探索语文教师教学认知能力结构。本研究认为，语文教师的教学认知能力结构是语文教师教学能力中内隐的部分，对应的外显能力表现在语文教学任务完成过程中。在此基础上，本研究对语文教学认知能力的内涵、结构维度和内容要素之间的关系进行了细致的梳理，并形成了结构图。对语文教学认知能力构成要素的内涵研究主要依据相关理论和文献研究成果，对长期语文教师教育的经验总结，以及访谈和观察资料的定性分析。

一、语文教师教学认知能力的性质

（一）语文教师素养的内涵和结构

本研究从语文教师素养角度切入语文教师教学认知能力研究。首先，理论上语文教师教学认知能力应该是语文教师素养的一部分，对语文教师教学认知能力的研究应该在整体素养体系的对比参照中进行，这有助于我们对语文教师教学认知能力更深层次的认识。其次，目前中国的基础教育课程改革指向学生核心素养的培养，在教师教育中研究相关问题也要将其置于教师核心素养的思维框架内，用来解决教师教育中的核心问题和关键性问题。语文教师素养是学科教师核心素养研究的一个方面，它应该有教师素养的共性，也应该有个性的一面，即语文教师学科属性的体现。在以往的语文教师研究中，语文教师素养的学科属性没有被充分挖掘，本研究拟从系统梳理语文教师素养体系角度，探寻语文教师素养体系中的个性。

1. 语文教师素养的内涵

语文教师素养指的是在先天的生理和心理等素质条件基础上，经过后天环境、教育和自我修习等影响发展形成的，在语文教育教学活动中表现出显著效果的，对学生的语文素养和身心发展有显著影响的身心品质的总和。语文教师素养既有一般教师素养的共性，也有区别于一般教师素养的方面，其区别于其他学科教师素养的方面，体现着语文学科教师的专业特色。

语文教师素养的生成和发展基于语文教师个体的素质。语文教师素养和素质既有联系又有区别。素养和素质的联系在于，后天素养的养成要以先天素质为基础，良好的素质可以为素养的培养和修习提供基础，是素养构成的重要内容。二者的不同之处在于，素质指的是先天具有的身心基础，具有先天性和稳定性，先天素质虽然经后天的影响会产生一些发展变化，但是大部分素质是不能经过后天的补偿而改变的。而素养着重探讨的是在先天素质的基础上，经过后天的教育和社会实践形成的比较稳定的个体修养。由此可见，素养一词包含的范围几乎涉及人一生的思维和行为的各个领域，而素质只是包括人的原初的生理和心理特点。可见，语文教师的素质和素养是两个不同的概念。在具体语文教师专业发展研究和语文教师教育中，教师身心品质作为研究对象是基于先天的后天养成，所以在学术语境中使用语文教师素养更为科学。

语文教师的素养和能力既有联系也有区别。能力和素养在构成因素上有相同之处，即都离不开人的生理和心理机能。素养结构中的先天素质成分是能力形成和发展的前提，离开了素养中的素质谈不上能力的发展，素质为能力的发展提供了可能性。能力发展是个人素养发展的重要内容。素养与能力的不同之处在于，个体的素养结构包含着更为丰富的内容，如身心素质基础、知识与能力、情感和意志等，能力是个体素养结构的重要组成部分。所以，在语文教师教育研究中，用素养这一概念可以较为系统全面地梳理语文教师职业发展的各个维度，这也是本研究从语文教师素养角度展开语文教师教学认知能力研究的重要考量，在大的背景下聚焦到语文教师教学认知能力，在一定程度上可以保证相关问题研究的客观性。

其实，随着学生核心素养研究的推进，教师教育研究领域对教师核心素养的研究也日渐重视，希望本研究可以为相关研究做一些基础性贡献。

语文教师教学认知能力是语文教师素养的组成部分，为了探究语文教师教学认知能力的独特性，下文对语文教师素养的结构维度进行探究和描述，以此为基础确定语文教师教学认知能力在语文教师整体素养体系中的坐标。

2. 语文教师素养的内容结构

语文教师素养包括三个领域：基础素质、基础素养和职业素养。

素质基础是个体的素质中对语文教师教育教学活动有积极影响的部分，是基础素质和职业素养发展的前提；基础素养是语文教师作为一个普通个体的一般素养中对语文教育教学有积极影响的部分，基础素养的发展以素质基础为前提，并作为职业素养发展的重要基础；职业素养是语文教师作为语文教育专业从业人员的特殊素养，是以素质基础为发展前提，在其影响下发展起来的，对语文教育教学产生直接显著影响的语文教师专业情意、行为、知识和认知操作技能等。

（1）素质基础

个体的素质基础指语文教师的先天身心条件。本研究认为语文教师素养素质基础包括非智力品质（人格特质和人格特征基础上表现出的综合心理品质）、智力基础与身体素质。语文教师的素质既是语文教师素养形成和发展的先天基础，同时也是语文教师素养结构中的重要方面，因为先天素质及影响并不会随着语文教师素养的发展而消失。

① 一般智力基础。智力一直是衡量语文教师素养的重要指标。国内外的研究都表明，教师的智力因素和其教学能力存在着正相关关系。考察智力的主要领域就是语言能力、思维能力、记忆力，所以主张以智力为主要标准选拔教师的人认为语言能力和学科知识对于高质量的教师来说最重要。也有人认为挑选教师应该主要以人的智力为标准，只要“聪明”就可以很好地胜任教学工作。在国内，选拔教师长期的标准是学历、学校和在校成绩。国外有的学者甚至主张只要看一般智力测试就可以找到优秀的教师。

但是，国内基于经验的研究和国外的实证研究都表明，把一般智力基础作为选拔教师的主要标准是不恰当的。有的语文教师表现出很高的智力水平，可以在学业测试中取得很好的成绩，但是不一定可以在教学中有突出的表现。国外的研究也表明，教师的学业成绩对教学效果的直接影响有限，教师的教学效果很大程度上受智力之外的因素影响。皮格马利翁效应就说明教师的教学期待对学生成绩的重要影响。

虽然在智力因素对语文教师教学能力的影响方面存在着争论，但是大家都承认智力是教师素养的重要组成部分。基于此，这里的语文教师素养研究把智力基础作为语文教师素养结构维度中的一项重要内容。

在语文教师的智力基础方面，本研究认为和语文教学密切相关的主要是观察力、注意力、记忆力、思维力及联想想象能力等要素。

② 非智力品质基础。语文教师研究中一直关注非智力品质在语文教师教学效果与教学能力发展中的作用。非智力因素虽然不能直接作用于问题解决的活动方式，但是对活动的激发和维持具有重要意义。

心理学关于非智力因素的研究主要集中在“人格”方面。由于研究取向的不同，对人格的认识也不一致。综合各种观点可以将人格定义为：人格是构成一个人的思想、情感及行为的特有模式，包含了一个人区别于其他人的稳定的心理品质。

结合优秀语文教师的专业发展研究，本研究认为语文教师身上某些人格特征对语文教育教学活动具有重要的意义。语文教师的非智力品质，包括人格特质和人格特征基础上表现出的综合心理品质两方面。本研究认为品格、气质、性格、情绪、情感、意志及兴趣爱好是对语文教师非智力品质考察的主要方面。随着语文教师教育领域对师德师风培养的日益重视，语文教师职业情感和职业倦怠等问题日渐凸显，语文教师的非智力品质研究应该引起研究者的注意。本研究将其作为语文教师素养结构中的一项内容。

③ 身体素质。虽然本研究主要讨论的是语文教师的心理素质，但是由于当前社会环境下，语文教师面临的压力较大，需要良好的身体素质作为基础，所以在语文教师素养结构中要把身体素质作为其中的一方面。

以上所述素质是一般教师也应该具备的，在素质基础方面，对语文教师和一般教师的要求应无大的差异。

（2）基础素养

基础素养是语文教师作为一个普通个体的一般素养中对语文教育教学有积极影响的部分。在语文教师的一般素养中，人文素养和科学素养与其语文教育教学活动密切相关，将人文素养和科学素养作为语文教师素养的重要组成部分，体现了语文教师素养的特点。语文课程是一门综合性课程，因此，在以往的语文教师教育研究中，很多学者认为语文教师应该是“杂家”，应该具备广博的自然科学知识、人文知识和日常生活知识，以顺利开展综合性较强的语文学科教学。另外，当今社会信息技术飞快发展，深刻影响着语文教育教学活动，所以媒介素养也应该成为语文教师基础素养的组成部分。

目前的语文课程改革对语文教师的基础素养提出了更高要求。中小学语文课程改革中实行的专题教学、任务群教学倡导语文课程教学与生活情境的联系，重视语文课程教学与其他学科内容的整合，这就需要语文教师具备更广阔的知识结构和素养基础，才能应对未来语文课程教学实施的要求。

① 人文素养。学术界对人文素养的理解观点不一，一般认为，人文素养是建立在对一定人文知识拥有和内化基础上形成一定的学识和修养，反映一个人的人格、气质、情感、世界观、人生观、价值观等方面的个性品质。[①]《全日制义务教育语文课程标准（2011年版）》认为“语文是最重要的交际工具，是人类文化的重要组成部分，工具性和人文性的统一，是语文课程的基本特点”。从该标准的前后文叙述来分析，其中对学生人文精神的要求倾向于思想感情、品德修养、审美情趣、良好的个性与健全的人格。根据上面的认识，语文教师专业发展紧密联系的人文素养应该包括人文知识、人文态度和人文方法。

② 科学素养。不同领域的学者对科学素养内涵的认识和理解也不尽相同。我国在制订中小学“科学”课程标准时认为，中学生科

---

① 汪青松. 科学教育与人文教育[M]. 合肥：合肥工业大学出版社，2006.

学素养应涉及四个方面：①科学知识与技能；②科学探究的过程、方法与能力；③科学态度、情感与价值观；④对科学技术与社会关系的理解。[①]科学素养的内涵是随着时代的发展而发展的，当前国际科学教育界普遍认为，科学素养应该被看作公众和消费者应具备的最基本的对科学技术的理解。科学素养并不是说公众对科学技术理解到很深的程度，而是最基本的程度。一般来说，公众能基本理解科学知识、科学过程和科学技术对社会的影响，就可以被看作具备了基本科学素养。

中学语文教师的科学素养属于公众科学素养，要求与教学中的科学素养不同。语文教师的科学素养应该包括科学视野、科学知识、科学信念、科学态度、科学方法。

③ 媒介素养。媒介素养是基于当代社会发展对语文教师的要求提出的。语文是最重要的交际工具，信息科技的发展使得语文活动的外延大幅度扩展。因此，语文教师应该具备一定的媒介素养，以适应信息社会给语文教育带来的机遇和挑战。

语文教师的媒介素养应该包括媒介知识、媒介的价值判断、信息获取与传播等方面的素养。

目前，随着信息技术的发展，媒介素养中的信息获取和传播素养事实上已经成为语文学科素养的重要组成部分，义务教育阶段将信息类文本的阅读和写作能力作为中小学生重要的语文学科能力，高中语文跨媒介阅读与写作是重要的必修专题。因为语文教师的媒介素养范畴大于信息化媒介基础上的语文学科素养，所以这里还是将语文教师的媒介素养作为一项基础素养来看待，但是同时语文教育要重视这一样素养的时代意义。也许在不久的将来，这一素养会成为语文教师职业素养的重要组成部分，这也反映出语文教师素养的发展会受后天情境影响。

---

① 蔡铁权. 21 世纪高等院校教材 物理教学丛论：基础教育课程改革视野下的中学物理教学[M]. 北京：科学出版社，2005.

（3）专业素养

专业素养是语文教师作为语文教育专业从业人员应该具备的特殊素养，是最能表现语文教师专业特色的素养。如果说基础素质为语文教师优质的教育教学活动提供了可能性，基础素养是为语文教师优质的教育教学活动奠定基础的话，那么专业素养就是直接影响语文教师教育教学活动效果的关系因素。根据目前研究者对专业素养内容结构的界定，语文教师专业素养由专业情意（包括职业道德、专业思想、专业意识）、专业行为、专业知识和专业技能四部分构成。其中专业情意、专业行为、专业知识是专业素养中的支持性素养，是语文教师解决语文教育教学问题时不可缺少的潜在性素养条件；专业技能是职业素养中具体的动作和心智的活动与操作方式，是在语文教育教学实践活动中经过多次实践、反思和内化而形成的语文教育教学活动具体行为系统。本研究将专业行为和专业技能作为两个区别性素养点，便是基于这样的考虑，语文教师的行为有的表现为教育行为，有的表现为教学行为，二者指向的任务目标既有联系，也有区别，所以本研究用专业行为特指语文教师专业的教育行为，而将教学行为作为专业技能的重要组成部分。事实上，语文教师的专业技能本身包括认知技能和行为技能两个相联系的系统，将二者归为一个范畴，更符合语文教师专业发展的事实。

① 专业情意。我国在专业情意方面的研究主要借鉴的是心理学中关于非认知心理结构的研究，认为专业情意由专业理想、专业情操和专业品质构成。据此，本研究将语文教师专业情意划分为职业道德、专业理想、专业意识三方面。当然，这里强调的语文教师专业发展的专业情意需要体现语文学科这一属性，如对祖国语言文字教育的情怀，对中国传统文化教育的热爱等。这样，语文教师素养结构中的动机性因素才能实现专业定向性带动作用，体现语文教师专业发展的专业属性。

② 专业行为。心理学把行为解释为个体具有内在动机所支配的有意义的行动。语文教师专业行为是指其教书育人的行为。语文

教师的行为包括教育行为和教学行为，教学行为主要表现为专业技能，这里主要谈的是语文教师的教育行为，着重强调对学生具有教育意义的行为表现。语文教学中很多问题是需要语文教育行为解决的，而不是语文教学行为，本研究将与具体的语文学科内容教学密切相关的教师行为归入专业技能部分，但是学生语文学科习惯、语文学习情感、语文学习的意志品质、语文学习价值观、语文学习态度等要素的培养更需要语文教师教育行为发挥独有的作用，如语文教师以身作则、价值引领等。

③ 专业知识。20 世纪七八十年代以来认知科学的发展为教学领域提供了新的研究思路，主要表现在教师思维的研究重心转移到研究教师的认知结构即教师的知识领域。研究者越来越注意到教师知识在很大程度上影响着教师的课堂教学决策与行为，进而影响学生的学习。与其他专业相比，教学的特殊性在于其主要对象是人，在互动中，教师的根本任务在于促进学生的身体、心智、情意的发展。教学活动的性质决定了教师知识的特殊性，表现在教师不仅要掌握特定的学科知识，还要考虑学生的特点，把自己掌握的知识转化为学生可以理解的解释，促进学生的发展。语文教师专业知识素养直接影响着教师语文教育教学行为和教学效果，是其职业素养的重要组成部分。

我们应该从知识品质和知识内涵两个方面考察语文教师的知识素养情况。知识品质素养包括知识结构、知识信念和知识行为。知识内涵素养包括知识掌握与知识运用的水平。

语文教师的专业实施是体现语文教师专业属性的核心部分，是我们语文教师教学认知能力结构研究中的核心内容之一。

④ 专业技能。中学语文教师技能指的是中学语文教师在先天身心素质的基础上，经过环境影响、教育、自我修习和经验积累而获得的，对中学语文教育教学有显著积极影响的动作方式和动作系统，显性地表现为外在的专业性行为系统，内隐地表现为语文教师的信息加工、监控和反思认知操作系统。中学语文教师技能有时表

现为中学语文教育教学操作活动方式，有时表现为和中学语文教育教学密切相关的心智活动方式。前者是通过中学语文教师外在的机体动作实现的，操作对象是物质性的客体，主要表现为听说读写等行为与语文教育教学技术的运用。后者通常是借助于内在的智力操作实现的，其动作指向的是语文教育教学中的信息和观念，是对与语文教育教学密切相关的操作活动模式的内化。在一定程度上内隐的心智运作系统决定着外显的机体动作系统。

传统的中学语文教师技能研究主要集中在口头言语、体态语言、板书能力和教具的制作与使用领域。在这个范围内对中学语文教师技能进行研究并没有完全涵盖其全部内容。传统的中学语文教师技能要求实质上是对基础教育阶段各学科教师的操作活动方式方面基本技能要求的一部分。可能是因为语文教育研究者和语文教师认为这些方面的素养对于中学语文教师更为重要，所以很长时间内大家就把它当作语文教师技能的主要内容。事实上这些只是中学语文教师对语文教育教学起积极显著影响的支持性技能，本研究称之为对语文教育教学有着特殊意义的教师一般专业技能。

语文教师技能素养还应该包含另外两方面的重要内容。一方面是反映中学语文教师技能核心的，与中学语文教育教学密切相关的，直接影响中学语文教育教学的操作技能和心智技能系统，本研究称之为中学语文教师的专业技能。从功能指向的角度讲，包括教学准备技能、教学设计技能、教学实施技能、教学评价技能和教学反思的技能。另一方面是促进语文教师自我发展的重要技能，本研究称之为教研技能。教研技能素养包括问题意识、研究实施能力及研究成果的表述与评价能力。语文教师专业技能具体内容见表 1。语文教师素养详细的层级和维度见附表 1。

表 1　语文教师素养专业技能部分节选

基本技能	语言能力	语言感知	口头语言感知	具有对书面语言和口头语言的敏锐感知	具有对语言的敏感
			书面语言感知		
		语言理解	口头语言理解	能够准确理解说话人的真实意图	能够准确理解说话人的真实意图
			书面语言理解	能准确深入解读文本	能准确深入解读文本
				掌握正确的阅读方法	掌握正确的阅读方法
				具有良好的阅读习惯	具有良好的阅读习惯
		语言表达	口头语言表达	具有较强的口头语言表达能力	口齿清楚，能说流利的普通话
					能有感情地朗读
					具有较好的口才，话语具有感染力
					能准确传达教学信息
					掌握与学生沟通的语言技巧
			书面语言表达	具有较强的书面语言表达技能	能写一手好文章
					有写日记、随笔、下水文等良好的写作习惯
	书写能力			书写形式美观	写一笔漂亮的汉字
				书写内容规范	板书工整规范
				书写速度适中	书写速度合适
	沟通交流			态度积极主动	能采取倾听、回应、共情等方式积极主动与人交流
				方法恰当	
	电脑操作			掌握电脑及多媒体技术	能制作并使用有助于提高教学效率的课件
专业技能	教前准备			了解语文课程标准	通过语文课程标准了解各级教学目标及关系
				熟悉语文教材（教科书）	准确把握语文教科书的编写理念与思路
					掌握语文教科书的基本内容
	教学设计	确定具体的语文教学目标		科学准确地确定具体教学目标	根据教学需要确定具体教学目标
				准确明白地陈述教学目标	运用科学方式准确陈述教学目标

续表

专业技能	教学设计	教学任务分析	学者分析	起点能力	对语文学习起点水平分析有正确认识	通过提问、练习、测验等形式确定学生起点水平
					了解学生语文学习起点水平的特点	
					能在教学前进行学生起点水平分析	能通过起点水平分析了解学生的需要
					掌握确定学生起点水平的方法	
			学情分析	一般特点	了解学生的学习背景	了解影响学生学习的背景因素
				认知风格	了解分析学生的认知风格	通过观察、访谈、调查等方式了解学生认知特点
					掌握分析学生认知风格的方法	
			教者分析	认知风格	分析自己的认知风格	分析自己的教学特点与认知风格
				教学特点	分析自己的教学特点	
			任务分析	学习类型	确定学习类型	根据学习类型分析学生的学习过程
				信息加工	确定信息加工过程	
		设计教学过程	组织教学材料		有效组织教学材料	根据不同类型学习特点组织教学材料
					有效确定教学材料的传递方式	依据学生认识特点确定学习任务的传递方式
			安排教学程序		合理安排教学结构模式	有意识地选择和设计适宜的语文教学模式
					合理组合与运用教学方法与教学媒体	根据需要合理组合运用教学方法与教学媒体
			确定评价方式		恰当选择评价方式	依据教学目标选择恰当的评价方式
			制定教学计划		合理制定教学计划	合理制定教学计划
		教学设计的效度评价			有效进行教学设计的效度评价	对初定的教学设计进行评价与修正
		教学设计的文字表达			能用教案形式将教学设计表达清楚	能根据教学设计编写教案
	教学实施	维持积极心态（调节学习状态）			激发学习动机	能够利用多种方式激发学生的语文学习动机
					优化学习环境	根据需要创设良好学习环境与学习氛围
		优化教学操作			正确运用教学手段	正确运用教学语言、教学媒体、教学板书
						能掌握课堂提问的技术
					有效组织课堂教学	能根据需要进行教学时空安排、师生互动和各种教学因素的有效组合

续表

专业技能	教学实施	落实教学内容	语文知识积累	注重并有效指导学生进行语文知识积累	注重并有效指导学生进行语文知识积累
			阅读教学	重现文本语境及作者意图	在阅读教学中重现文本语境及作者意图
				引导学生对文本的认识、理解和感悟	教学中有自己独到的见解
					引导学生对文本的认识、理解和感悟
			作文教学	掌握作文命题的有效方法	能运用有效方法进行作文命题
				掌握作文指导、批改与讲评的方法	能有针对性地进行作文指导、批改与讲评
				掌握指导学生作文修改的方法	能有效地指导学生进行作文修改
				建立自己独特的作文教学体系	掌握作文教学的有效序列
					有自己独特的作文教学体系
			口语交际教学	自主设置口语交际话题	根据口语交际特点挖掘话题
				灵活运用多种形式	能够灵活运用多种口语交际教学的形式
				有效进行口语交际教学的组织与引导	有效进行口语交际教学的组织与引导
			语文综合性学习	自主挖掘课程资源	能依据语文综合性学习的特点挖掘课程资源
				合理设计学习活动	合理设计语文综合性学习活动
				掌握有效的指导方法	能有效进行跨学科的综合性学习指导
		实施教学监控	监控自己的教学情绪和教学行为		随时监控自己的教学情绪和教学行为
			监控学生的学习情绪和学习行为		随时监控学生的学习情绪和学习行为
		规范语文学习	有意识地培养学生良好的语文习惯		促进学生养成良好的语文学习习惯
			指导学生的语文学习方法		能够指导学生掌握高效的语文学习方法
			指导学生运用有效的语文认知策略		能指导学生运用有效的语文认知策略
		课堂秩序管理	保持良好的课堂秩序		能够正确看待和处理课堂教学事件
	教学评价	学生评价	评价技术	掌握语文试卷的编制技术	掌握语文试卷的编制技术
				掌握布置、批改作业的技术	掌握布置、批改作业的技术
			评价方式	根据需要采取不同的评价方式	能根据不同内容和阶段采取不同的评价方式
			评价手段	掌握常用的评价手段	可以通过观察、档案袋、测验等手段对学生的语文能力水平进行测量
			评价结果分析	对测量结果作科学分析并得出合理结论	对测量结果作科学分析并得出合理结论
		自我评价	具有自我评价的意识和能力		能自觉运用恰当方式进行自我语文教学评价
	教学反思		养成反思习惯		具有及时进行教学反思的习惯
			掌握反思方法		掌握总结提炼，撰写教育叙事、反思笔记等反思方法

（二）教学认知能力在语文教师素养中的定位

从前文中可以看出，从功能的角度对语文教师素养进行系统切分，并不能将语文教师教学认知能力独立完整地呈现出来，进一步研究需要从语文教师素养结构中抽取与语文教师教学认知能力密切相关的部分，建构语文教师教学认知能力结构。具体的思路为：首先借助一般的教师认知研究成果，构建教师教学认知能力模型作为理论分析框架；其次，利用教师教学认知能力一般模型，将语文教师素养结构作为分析对象，从中提炼、整合语文教师教学认知能力构成要素，建构语文教师教学认知能力结构体系。

1. 来自教师认知研究的启示

以上关于语文教师素养的研究是长时间语文教师研究的传统经验总结，是进一步进行语文教师研究的基础。但我们也要认识到，目前对于语文教师素养结构的研究还属于功能取向的静态结构维度划分，如果作为真正的教师培训或者作为语文教师自身发展的参考性理论依据，这些研究成果无法回答“语文教师如何具备这些素养”的问题。这其实与20世纪70年代以美国为代表的西方教师教育研究领域中遇到的问题相似。当时，这些国家的研究者为了提升学科教师教育的有效性，整体的研究中心转向教师认知，所以才有了教师知识、教师教学信息加工、教师思维和决策、教学反思等相关研究领域。

西方的教师认知研究也经历了一个演变过程。早期的教师认知研究更为关注教师课堂教学思维和决策，研究的前提是教师内隐的教学思维影响教师外在的教学行为表现，进而影响教学的有效性。这明显受到认知心理学和“目的—手段”教学研究范式的双重影响。20世纪70—80年代，西方学者采用大声思维、录像带刺激回忆、访谈、系统观察等方式构建教学认知模型，将研究视野扩展到以往教学研究没有涉及的地方，进一步确定了影响教师教学的主要变量，将教学看作教师的高级认知技能，是在课堂上收集信息、处理信息、做出决策和评价的信息加工过程。以此为基础，通过专家教师和新手教师对比的范式，寻找二者在各个观测点方面的差异，为具体的学科教师培训提供决策信息和理论依据。在这样的语文教师教育理念指导下，学科教师培训的目的就是弥补专家教师和新手教师之间的差距，进而提升学科教师在具体教学情境中的教学有效性。[①]1995年，斯滕伯格提出了专家型教师的原型观，认为专家型教师在知识、洞察力和效率方面表现突出[②]。但是，教师思维和决策的研究希望建立一套科学和标准的模型体系，而事实上教师个体之间定有差异，而且教学情境比理想化的课堂教学环境更为复杂。另外，正如舒尔曼认为的，早期的教师信息加工研究最大的问题是忽视了教师学科知识与教师教学效能的关联度[③]。也就是说，以往的教师认知研究其实是构建了一个独立于学科课程教学范畴的抽象系统，显然这与真实的具体学科教师教育和学科知识教学相脱离。至此，教师学科教学知识研究登上了历史舞台，直至今日教师学科教学知识还是全球范围内教师认知研究的中心。后来，在情境建构认知理论的影响下，研究者开始关注教师认知尤其是教师知识发生和发展的机理。

因为本研究所持观点与提倡以教师认知为中心的教学研究范式观点是一致的，即语文教师的教学活动是运用知识在复杂的情境中解决问题的信息加工过程，所以本研究采用教师认知范式对语文教师教学认知能力进行研究。但是教师认知研究的困境在语文教师研究中也存在。例如，语文教师的思维和决策研究如何体现学科属性，如何发掘语文教师教学思维和决策的特征；运用学科教学知识理论解决语文教师教育或者提升语文教学有效性，首先要对语文学科知识本身进行深入研究，而基础教育阶段语文学科知识的本体性研究

---

① Clark C. M., Yinger R. Teachers' thinking. In P. L. Peterson, H. J. Walberd (eds.) Research on teaching. Berkeley, CA: McCutchan,1979: 231-263.

② Sternberg R. J., Hovath J. A. 专家型教师教学的原型观[J]. 华东师范大学学报（教育科学版），1997（1）.

③ Shulman L. S. Those who understand: Knowledge growth in teaching. Educational Researcher, 1986, 15(2): 4-14.

正是语文课程与教学研究的薄弱环节；从语文教师角度进行自下而上的研究，语文教师知识的个性化太强的特征又使得这项工作特别艰难。基于此，本研究力图借鉴教师认知研究成果，建构一个既体现语文教师学科属性，又符合现实需要的语文教师教学认知能力分析框架。当然，这一框架的建立也需要借鉴语文教师素养研究的成果。

2. 语文教师素养中的教学认知能力要素

综观目前的教师教学认知能力研究，各研究成果使用的概念虽不一致，但基本上将教师教学能力的研究集中在教师认知方面。综合众研究者在教师认知研究语境中关于教师教学能力的论述，本研究认为，语文教师教学认知能力是语文教师教学能力的核心要素，是语文教师生成、发展和运用相关知识和经验，在对语文教学体系及诸构成要素进行感知、洞察、分析、判断和决策的基础上，解决具体语文教学问题和完成语文教学任务的个性认知心理特征。

语文教师教学认知能力的内涵可以从以下几方面理解：首先，语文教学认知能力是语文专业能力中最核心的要素；其次，语文教学认知能力基于语文教师教学知识和经验的发展，是内隐的教学信息加工能力；再次，语文教师教学认知能力在具体的教学情境中生成和发展，同时也在具体教学情境的教学问题解决和教学任务完成中得以间接反映和展现；最后，针对性的语文教师专业活动可以提升语文教师教学认知能力。

以上根据教师认知研究对语文教师教学认知能力内涵进行了确定，下面我们需要在语文教师素养结构中重新理解语文教师教学认知能力。在语文教师素养结构中，首先，本研究将专业情意部分暂时排除在研究范畴之外，虽然语文教师专业情意是语文教师教学认知能力发展的重要动力。其次，基础素质部分是语文教师教学认知能力发展的基础，但是在具体研究中一般很难将它们纳入，所以在语文教师教学认知能力研究中也将这部分素养搁置。最后，需要排除一些纯粹的动作技能类素养。其他的素养都与语文教师教学认知能力相关。

本研究在语文教师教学认知能力内涵界定中已经明确，语文教学认知能力旨在解决语文教学问题和完成语文教学任务，那么在反映和测量语文教师教学认知能力方面还不能完全回避效用和功能，否则研究成果将无法与具体的语文教学问题解决和语文教学任务完成相对接。但是，具体的语文教学研究也需要把这种外在的任务行为要求转化为一种教师认知的话语系统，以便直接对语文教师教学认知能力进行描述。本研究前期对语文教师教学能力的宏观结构进行了理论研究，下文将从语文教师教学能力模型的角度，继续聚焦语文教师教学认知能力的具体维度。

二、语文教师教学认知能力模型的构建

从语文教师能力研究文献综述可以看出，现有研究缺乏理论依据和专业针对性，整体的分析框架往往不在一个层面上。有的研究主要是对教师行为方面的要求，有的是知识方面的要求，有的则是认知心理方面的要求。因此，本研究一方面继承原有语文教师能力研究传统，另一方面借鉴教师认知研究理论，构建适应当下语文教师专业发展实践需要的语文教师教学能力理论体系。

当下的语文教师能力研究主要是功能指向性的，是语文教师在语文教学情境中解决具体问题和完成相关任务的系统性行为要求。语文教师教学认知能力也是为了解决语文教学的现实问题，所以在理论构建的时候应体现语文教师学科属性，还要在传统的研究中汲取营养。本研究旨在构建一个从功能的视角进行测量，反映语文教师教学认知能力性质，并能体现出发展层次的模型结构。

本研究将具体的语文教师教学认知能力模型构建置于语文教师教学能力构建的大背景下进行，突出语文教师教学认知能力模型。这样进行模型构建的优点在于，既能呈现语文教师教学认知能力模

型结构，也能与语文教师外显的机体技能系统对接，为后续的语文教师教育提供更为整体的理论指导。

（一）模型构建的理论基础

语文教师教学技能包括动作技能和认知技能两个方面。根据语文教师的职业特点，动作技能在整个技能素养体系中只占极少部分，语文教师专业技能以认知技能为主。认知技能的发展与认知自动化过程的获得应成为语文教师专长研究的核心问题之一 。本研究对语文教师认知技能的研究主要以认知心理学对教师认知技能的研究为理论依据。

依据教师认知心理学的研究，语文教师的认知技能应是一种整体性能力，是个体对语文教育教学知识和经验的组织与建构的基础上整合而成的解决语文教育教学问题的能力，职业认知技能的发展是一个从量变到质变的动态过程。在这个过程中，个体的知识、经验和实践能力不断整合，使认知资源不断优化，认知技能不断向高水平发展，并达到自动化水平。所以，一个完善的语文教师教学认知能力结构模型应该包含认知资源、认知操作和能力发展三个维度。

依据教师认知心理学对教学能力内涵的研究，语文教师职业技能素养结构应该包括认知资源系统、执行控制系统和自主发展系统。认知资源系统是语文教师职业技能获得与发展的知识、经验和实践能力等，是语文教师技能获得与发展的前提条件；执行控制系统是具体的认知技能操作系统，负责对认知资源进行加工及监控；自主发展系统是推动认知资源系统和执行控制系统不断优化和提高的认知系统，包括语文教师对职业技能的反思、探究等认知活动。这就是前文所述那些内隐的，只有通过具体的教学任务和教学问题解决才能反映出来的能力。因为这些能力在语文教师认知过程的“黑匣子”里，所以很长时间无法探查。这里构建的语文教师教学认知能力就是一般教师教学认知能力的具体化。在理论构建的时候，本研究不可避免地要从功能的视角反推语文教师在认知资源、信息加工和自主发展方面的特点。

语文教师的教学认知能力是内隐的，在具体的教学问题解决和教学任务完成过程中表现为一定的行为或者行为系统。内隐的教学认知能力与外在的技能行为表现共同构成了语文教师教学能力的立体结构（见图1）。

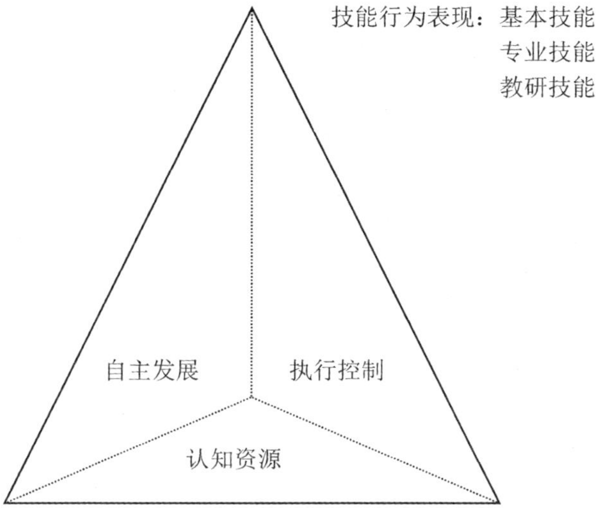

图1　语文教师教学能力整合模型图

其中，由认知资源、执行控制、自主发展构成的内隐的认知能力体系即为本研究的对象——语文教师教学认知能力。

（二）语文教师教学能力模型的建构原则

首先，突出语文教师的学科专业特点。在语文教师能力建构中，本研究没有放弃语文学科课程与教学的功能视角。针对学科教学的教学认知能力建构旨在突出教师专业发展的学科特点，这样才能对一般教师教学认知能力理论进行优化，对具体学科教学专业发展更具有指导意义。所以，本能力结构体系的建构，紧守语文教师任务完成的功能指向，规避建构的理论指向性缺乏，排除了语文教师教学认知能力的专业性。

其次，体现整合性。以往的语文教师教学能力模型的建构缺乏严密的理论论证，本研究依据教师认知研究，将以往语文教师能力的研究成果进行了整合。本研究对语文教师教学能力研究的整合性表现在三个方面：第一，整合了语文教师内隐的教学认知能力和外显的任务完成行为水平，既强调教学认知能力的决定性地位，也强调能力表现评价需要从任务解决的视角进行；第二，整合了语文教师教学认知能力构成的三个维度，一般的教师认知研究对三个维度的分析通常是分别进行的，本研究以语文学科教师的专业属性为基点，对语文教师教学认知能力的三个维度进行了整合，即认知资源是执行控制所使用的知识和经验基础，执行控制是具体教学问题解决和教学任务完成的认知操作，自主发展是基于元认知的能力提升机制；第三，本研究整合了语文教师教学认知能力静态维度和发展层级性，整个理论框架体现了教学认知能力是语文教师能力核心的特点，另外也要从功能的视角关注语文教师的专业特点，还要反映出语文教师能力发展的层级性,包括维度的层级性和发展的层级性。

（三）语文教师教学能力的结构

语文教师能力结构理论在体现语文教师学科专业及发展特色的前提下，将语文教师应该具备的教学技能、应该达到的教学能力目标、应当承担的职责、应当实现的发展融为一体，构建了由成分、维度和行为表现构成的语文教师能力结构体系。这里的成分是根据语文教师的专业特点及语文教师的职责和技能表现而确定的评价领域。维度是在成分框架下预期达到的指标，维度反映成分，是整合模型成分的具体化。成分和维度是语文教师教学能力的内隐部分，即语文教师教学认知能力的结构性成分与次级维度。行为表现是维度指标的具体行为案例，是可以测量的具体变量指标。在具体的教学情境中，通过教学行为表现直接或者间接反映语文教师的教学认知能力。

1. 语文教师教学能力的成分

根据语文教师教学能力的内涵，语文教师教学能力模型的成分由内在成分与外在技能行为表现两部分组成。内在成分即为语文教师教学认知能力结构成分。

内在成分指语文教师教学能力理论中内隐的教学认知能力，不容易被察觉与评价。内在素养成分包括认知资源成分、执行控制成分与自主发展成分，是外在技能表现的心理素养潜在条件，并在语文教学具体问题解决和语文教学任务完成情境中表现，具体内容见表 2。

表 2　语文教师教学认知能力成分结构内容

成分	内容
认知资源	知识、经验及实践能力等
执行控制	信息加工系统、认知监控系统
自主发展	反思、探究及教学研究等

语文教师外在技能行为表现是指语文教师教学能力的基本成分，是内在教学认知能力成分内容的外在表现。语文教师能力外在成分包括基本技能、专业技能和教研技能。基本技能指对语文教育教学有着特殊意义的教师基本职业技能，包括口头语言、体态语言、板书能力和教具的制作与使用；专业技能指反映中学语文教师技能核心的、体现语文教师职责的、与语文教育教学密切相关的、直接影响语文教育教学的技能系统，包括教学准备、教学设计、教学实施、教学评价和教学反思等技能；教研技能指促进语文教师自我发展的技能，包括问题意识、研究实施能力及研究成果的表述与评价能力。语文教师外显技能与语文教师教学认知能力的成分维度之间是对应关系，在后续的语文教师教学认知具体内容要素的逻辑构建中，本研究的任务完成功能指向也很鲜明。

2. 语文教师教学能力的维度

语文教师教学能力的维度是对成分的具体化，是技能目标的期望，维度是连接内隐教学认知能力成分与外在技能行为表现的中介指标，并不是可以直接做出评价的行为表现变量。本文以语文教学设计这一外在成分为例进行说明（见表 3）。

表 3 语文教师教学能力外在成分与维度的关系（节选）

成分	维度
语文教学设计	确定具体的语文教学目标
	明确具体的语文教学任务
	有效确定和组织语文教学内容
	合理安排语文课堂教学程序
	语文教学设计的效度评价
	语文教学设计的文字表达

语文教学设计是外在技能成分，对应的是语文教师执行控制这一成分中的内容，二者之间的联系以维度为中介，即表中所列的“确定具体的语文教学目标”“明确具体的语文教学任务”“有效确定和组织语文教学内容”“合理安排语文课堂教学程序”“语文教学设计的效度评价”“语文教学设计的文字表达”等。因为这些维度是中介指标，所以其描述方式也是内隐的，难以直接从行为表现中测知，还不是具体的行为变量指标。

3. 语文教师教学能力的变量指标

语文教师教学能力的变量指标就是各维度下能否达标具体的技能行为表现案例，通过这些案例可以对教师能力进行评判，是具体可测的行为变量指标，是语文教师外显技能的任务完成观测点，技能表现成分的结构维度，也能进行水平层级的划分。本文以外在成分语文教学设计为例说明语文教师能力结构体系（见表 4）。

以“通过提问、练习、测验等形式确定学生起点水平”为例，可以通过这一条变量测知语文教师语文教学任务分析这一维度的能力表现，同时在一个观测点反映语文教学设计这一能力表现水平。

表4　整合模型评价结构体系示例

成分	维度	变量指标
语文教学设计	确定具体的语文教学目标	根据教学需要确定具体教学目标
		运用科学方式准确陈述教学目标
	明确具体的语文教学任务	通过提问、练习、测验等形式确定学生起点水平
		能通过起点水平分析了解学生的需要
		了解影响学生学习的背景因素
		通过观察、访谈、调查等方式了解学生认知特点
		分析自己的教学特点与认知风格
		根据学习类型分析学生的学习过程
	有效确定和组织语文教学内容	根据不同类型学习特点组织教学材料
		依据学生认识特点确定学习任务的传递方式
	合理安排语文课堂教学程序	有意识地选择和设计适宜的语文教学模式
		根据需要合理组合运用教学方法与教学媒体
		依据教学目标选择恰当的评价方式
		合理制定教学计划
	语文教学设计的效度评价	对初定的教学设计进行评价与修正
	语文教学设计的文字表达	根据教学设计编写教案

（四）语文教师教学能力的验证

1. 被试

（1）开放式问卷和访谈被试

150名被试为北京师范大学文学院各实习学校的中学语文教师，共收回开放式问卷104份。被试实习所在地区为北京、内蒙古、广东、广西、新疆和西藏。本研究先后就中小学语文教师素养与能力对7名具有中高职称的中学语文教师进行了访谈。

（2）预测试被试

为了考察问卷结构的合理性和筛选项目，本研究在小范围内进行了预测。被试为北京师范大学文学院汉语言文学专业师范生共

100 人，共收回有效问卷 72 份。

（3）正式测试被试

被试为北京、天津、山东、福建、江西、内蒙古等地的中小学语文教师、中小学其他学科教师、中文专业师范生和关心语文教育的其他被试。共收回问卷 1870 份，经过认真严格筛选，剔除不合格问卷 478 份，保留合格问卷 1392 份。其中语文教师 852 份，非语文教师 319 份，非教师 162 份，信息不明问卷 59 份。

2. 研究程序

（1）收集原始资料

从语文教师教学能力的定义出发，以语文教师教学能力构成理论为结构编制语文教师技能量表，用因素分析法对量表理论基础及信效度进行探索和验证是本研究的基本思路。

为了检验预期的结构并获得语文教师能力结构的第一手资料，保证编制的正式问卷符合语文教师的实际，本研究编制了关于语文教师教学能力的开放式问卷，内容为“您认为一个合格的语文教师应该具备哪些专业能力”。

对开放式问卷进行分析，被试共提供 572 项技能行为表现变量，最多的问卷有 11 项，最少的有 2 项。对问卷进行语义分割，删去重复，最终获得 29 条有效变量指标。对最终获得的变量进行分类，初步认为 3 个结构成分能够代表语文教师教学能力的基本内容。各个成分中变量出现的频次见表 5。

表 5　开放式问卷统计结果

结构成分	基本技能	专业技能	教研技能
频次	130	122	35

第一个成分是基本技能，如“写一手好文章能力”“语言表达能力和语言感染力”；第二个成分是专业技能，如“解读文本的能力”“教学设计的能力”等；第三个成分是教研技能，如“语文教育科研能力”“对语文教育领域某一专业有深入的研究”等。

（2）编制正式问卷

基于原始搜集的资料和开放式问卷所获得的语文教师能力的基本结构，参考相关文献中关于语文教师教学能力的论述，本研究按照结构和重要性原则进行了问卷行为表现变量的补充、筛选和编制。在编制出初始项目后，由 1 名语文教育心理学专业博士生导师、10 名语文教育心理学专业博士及硕士研究生对初始变量指标进行反复研讨，最后确定 73 项。之后本研究将研讨后的变量题目向北京地区包括知名语文学科教学研究专家、中学语文高级（含特级）教师、语文教研员、高校教育学教师、高校心理学教师、高校中文系教师在内的 16 名学科专家征求了意见，增修题目 13 条，确定问卷技能行为表现变量题目 86 条作为最后正式封闭式问卷变量。问卷采用 5 点量表，从“不重要”到“很重要”，依次记 1—5 分。

（3）问卷施测

问卷分为纸质版和电子版两种。纸质问卷的施测在四川、福建、江西和内蒙古，纸质问卷的实施由研究者完成现场施测。测试前向被试说明来意，宣读引导语，等现场被试明白后开始施测，被试作答后现场收回问卷。电子问卷以电子邮件的形式发出，发放地区主要集中在北京、山东、浙江、内蒙古、天津等地，研究者以附件形式同时发送了北京师范大学文学院开具的公函和详细的作答说明和要求，问卷以电子邮件的形式收回。

（4）统计处理

探索性因素分析采用主成分法，因子旋转用方差最大正交旋转，计算工具为 SPSS18.0，并根据因素分析结果进行理论分析。验证性因素分析采用的计算工具是 Mplus4.2。

3. 因素分析的结果与分析

（1）探索性因素分析

为了检验因素分析的适合性，研究做了 KMO 和 Bartlett 球形检验。根据输出结果可以看出，KMO 值为 0.984，表示非常适合做因素分析。Bartlett 球形检验显著性 0.000，符合显著性概率 p 值<0.05

指标，也显示问卷有很好的结构效度，适合做因素分析。

结合预先的理论建构，根据初始特征根可以看出：3 个因子可以解释 52.757% 的总方差，超过方差总量的一半，可以解释所有变量一半以上的信息，而且 3 个公因子的特征根都大于 2。根据碎石图可以看出，前三个因子在陡坡上，从第 4 个因子开始坡度明显变缓，也说明提取 3 个因子是合适的。随后结合研究需要，对在每个因子上负载值都很低和交叉负荷较大的题目进行剔除。题目剔除的依据是在每个因子上负载值都不足 0.40，交叉负荷大于 0.45。经过几次探索，最终研究认为下面的结构是比较适宜的，具体内容见表 6。

表 6　语文教师教学能力构成因子模式矩阵

变量	因子 1	变量	因子 1	变量	因子 2	变量	因子 3
t37	0.724	t32	0.612	t81	0.818	t7	0.702
t31	0.683	t46	0.61	t83	0.815	t8	0.665
t38	0.682	t61	0.609	t80	0.793	t4	0.646
t60	0.681	t24	0.608	t82	0.789	t5	0.645
t45	0.676	t19	0.606	t76	0.776	t6	0.643
t20	0.674	t23	0.605	t84	0.773	t3	0.588
t42	0.672	t44	0.6	t75	0.745	t9	0.559
t59	0.663	t18	0.597	t79	0.736	t13	0.55
t36	0.654	t41	0.597	t77	0.709	t14	0.543
t21	0.648	t27	0.583	t85	0.667	t15	0.534
t47	0.641	t69	0.583	t86	0.654	t2	0.533
T39	0.634	t43	0.582	t74	0.651	t12	0.533
t33	0.634	t65	0.577	t78	0.606	t1	0.509
t40	0.631	t58	0.57	t53	0.479	t10	0.47
t34	0.622	t62	0.556	—	—	t16	0.43
t48	0.616	t25	0.554	—	—	—	—
t22	0.615	t64	0.548	—	—	—	—
t29	0.613	t55	0.543	—	—	—	—
t30	0.613	t49	0.533	—	—	—	—

根据数据，在因子 1 上负载值比较高的变量表现的是专业技能方面的内容；在因子 2 上负载值较高的变量表现的是语文教研技能方面的内容；在因子 3 上负载值较高的变量表现的是语文教师基本技能方面的内容。这和原来理论构想的结构是一致的。所以本研究将 3 个因子分别命名为专业技能、教研技能和基本技能。

（2）验证性因素分析

为了考察构想模型和实际模型之间的拟合度，以及项目与各因素之间的关系，本研究对探索性因素分析获得的模型进行了验证性因素分析。

验证性因素分析结果为：$X^2/df=3.97$，CFI=0.816，TLI=0.810，RMSEA≤0.05，SRMR=0.056。由于卡方值受样本量的影响较大，本研究样本量巨大，所以这里可以当作参考估计值。CFI=0.816，TLI=0.810 显示模型拟合指标稍低于临界值。RMSEA≤0.05，SRMR=0.056 表示模型拟合度很好。综合各个指标，探索性因素分析得出的 3 个因子的模型有较好的结构效度。

（3）效度检验

本研究属于开创性的研究，没有相关的研究工具可以借鉴，所以适合采用内容效度检验，本研究采用专家效度的方式对量表进行了效度检验。本研究前期已经专家审核，专家一致认可本研究提出的语文教师能力理论框架，认为调查问卷各维度所列项目可以对语文教师能力进行有效测量。

（4）信度检验

本研究考察所获得的 3 个因素的内部一致性信度：专业技能、教研技能和基本技能的克伦巴赫 α 系数分别为：0.955、0.976 和 0.901。3 个因素的克伦巴赫 α 系数信度都很好，说明该模型有良好的信度。

4. 讨论

在理论假设中，语文教师能力包括专业技能、教研技能、基本技能。根据探索性因素分析，3 个维度的构成符合预期的理论构想，验证了理论假设关于职业能力的内容成分结构。根据验证性因素分析的研究，语文教师职业素养中技能性素养的3因子结构比较好地拟合了观测的数据，支持了上述探索性因素分析的结果。因素分析的结果说明语文教师能力包括专业技能、教研技能和基本技能。

语文教师教学能力量表的编制以语文教师教学能力行为表现作为题目，这些项目是反映语文教师能力的典型行为表现，经学科专家、语文教研员、语文教师、高校教育学教师、高校中文专业教师审核，可以作为测量语文教师职业技能的有效工具。根据探索性因素分析和验证性因素分析结果，调查问卷列举的条目可以清晰地反映语文教师能力的整体结构及其各个维度结构。也就是说，语文教师能力3个成分中包含的项目可以对语文教师能力掌握情况进行全面的测量，具有良好的结构效度。经过专家的内容效度审核，该问卷结构有良好的内容效度。对语文教师能力各个维度内部一致性的信度检验说明问卷结构具有很好的信度。

总而言之，用因素分析获得的项目编制的测量工具具有良好信效度，可以作为语文教师能力评价及相关研究的工具。

本研究同时验证了本文在语文教师能力理论建构中提出的语文教师认知能力结构，即语文教师的认知能力由认知资源、执行控制和自主发展三种成分组成。语文教师的认知资源为语文教师外显的行为能力结构提供知识支持，在语文教师的专业知识基础上形成语文教师的专业能力。语文教师的执行控制是语文教师能力行为表现的直接来源，语文教师的内在认知行为操作决定了语文教师外在的职业能力行为表现。语文教师通过自主发展系统获得能力的提升，语文教师能力的获得和发展由语文教师的自主发展系统决定。

三、语文教师教学认知能力的内容及关系

（一）语文教师教学认知能力的内容构成

本研究通过漏斗形的推理，确定了语文教师教学认知能力结构包含认知资源、执行控制和自主发展成分。但是，为了实现本理论真正的教育借鉴价值，对语文教师自身专业发展具有现实的指导意义，需要对宏观的理论体系进行细化。那就需要进一步将认知资源、执行控制和自主发展三个维度的内容继续细化，并建立相关要素之间的逻辑关系。

在教师教学认知能力的范畴内，认知资源主要指与语文教学相关的知识和经验，具体构成就是语文教师的学科教学知识和教学心理模型。

学科教学知识研究从舒尔曼开始，历经众多学者研究，已经取得了丰硕的成果。国内学者从朱晓民开始，马云鹏、宋翔、徐鹏、张钧、姜美玲等研究者也从不同的视角对语文教师学科教学知识展开了研究。目前，语文教师学科教学知识研究虽然尚处于起步阶段，但是研究者在语文教师学科教学知识对提升语文教学有效性和语文教师专业发展的意义，语文教师学科教学知识的构成等方面基本上达成了共识。本研究继续在语文教师教学认知能力的构成和发展视角，细化和深化对语文教师学科教学知识的研究。

在语文教师的认知资源中，有一些是没有上升到显性知识层面的存在，以一种缄默性知识或者“经验”[①]的形式存在的认知资源，是教师个体完成语文教学任务和解决语文教学问题的操作系统的表

① 这里的“经验”一词倾向于日常交流语境中“感性认识结果”这一含义，而非课程论中“经验”的内涵。

象或者表象系统，是语文教师实践性学识的重要组成部分，这些认知资源直接影响着语文教师教学信息加工的精准度和效率。因为这种表象化的知识和我们一般意义上理解的知识在存在和表现方面有所不同，所以本研究将其作为独立的部分进行论述，结合认知心理学和教师认知理论，将这部分经验性的认知资源形体称作“语文教师教学心理模型”。基于以上思考，本研究将语文教师的学科教学知识和教学心理模型作为语文教师教学认知能力结构中的认知资源。

语文教师的认知资源既有一定的结构维度，也具有动态发展的特征。语文教师的认知资源只有在为执行控制环节所调取时才能实现价值，当然只有储备了一定的认知资源，执行控制环节才能被驱动。认知资源的质量事实上决定着语文教师具体教学问题解决和教学任务完成的执行控制质量。认知资源和执行控制之间关系的研究应当是语文教学研究和语文教师专业发展研究的核心，因为这是关乎职前和职后语文教师学科知识素养转化为语文学科教学素养的关键性问题，也是具体教学环节中语文教师有效促进自身知识转变为有效教学行为的核心问题。但是，以往的研究并没有将二者很好地结合起来，这也是本研究建立语文教学认知能力整合模型的出发点和前提。从执行操作入手进行语文教学认知能力研究容易缺乏学科属性，所以本研究对语文教师教学认知能力的研究从语文教师的认知资源入手。结合文献研究和多年的教师教育调研资料，本研究一方面对语文教师教学认知资源的结构维度进行了划分，另一方面从情境建构的动态视角，对其发展特征进行了描绘。

在教师认知研究的范畴内，执行控制分为执行和控制两个子系统，执行系统主要指的是教师的课堂教学信息加工，其中最核心的部分当属教学问题分析、教学决策和教学行为系统的谋划；而教师教学控制系统就是基于教师元认知的教学监控系统。

在语文教师教学认知能力的进一步研究中，我们也要探寻语文教师在教学执行系统过程中的专业属性如何表现，以及教学监控方面的认知有何特点。本研究将教师的课堂教学信息加工和教学调控作为语文教师教学认知能力结构中的执行控制系统，进而结合语文教师完成教学任务和解决教学问题的独特性，去探寻语文教师群体在这两方面表现的特点。语文教学任务的完成及解决的功能指向是本研究构建语文教师执行控制理论的主要依据，出发点为语文教师的执行控制认知操作的指向应该是具体的教学问题解决和教学任务完成，语文教学问题解决和教学任务完成触发、维持和引导语文教师的执行控制认知操作过程。另外，本研究将语文教师执行控制认知操作系统的研究与语文教师认知资源的研究相融合，力图展现二者的关系。所以，本研究建构的理论将语文教师执行控制系统划分为教学内容确定、学情分析和教学及教学流程设计三个维度，并且在具体的阐述中理清每一部分认知操作与认知资源之间的逻辑关系。

在教师认知研究的范畴内，教师的自主发展研究主要集中在教师反思研究方面，不过近来教师实践性学识的兴起，为教师的自主发展研究提供了一些新的思路。语文教师认知研究领域与教学反思研究和教学决策研究相伴相随，相对教学决策而言，教学反思的指向是自身能力的发展，更符合教师教研活动的本质指向，也就是说教师的教研核心指向于生产为自己教学实践能力提升的个性化学识，对教师专业发展和教师培训具有重要的意义。本研究旨在借鉴教师认知对教师反思研究的成果，结合语文教师需要解决问题的具体特征，深入研究语文教师教学反思的路径和特点。同样，对语文教师自主能力发展的研究也需要与语文认知资源的研究相融合，本研究认为语文教师自主发展的成果为实践性经验和知识，属于语文教师认知资源的一部分，进而影响语文教师的执行控制能力提升。当然，语文教师的执行控制本身应该是语文教师自主发展关注的核心内容，二者联系也很紧密。本研究也力图描绘语文教师自主发展能力的学科特点和发展特征，为现实的语文教师教育提供支撑力量。

基于以上探讨，本研究将语文教师的学科教学知识、教学心理模型、教学信息加工和监控调整、教学反思作为语文教师教学认知能力的构成要素做进一步研究。在后续能力建构过程中，本研究会着力避免以往研究中只强调语文教师教学认知能力的重要意义，自下而上地概括一个宏观的能力结构体系的指向。虽然概括的模型普适性较强，但是对于学科教师教学能力来说，概括性较强的理论模型往往体现不出专业属性。本研究不想将研究做成现象的罗列，所以，从中观层面对语文教师教学认知能力进行研究，既做到理论概括，又能提炼一些规律性的认识。基于以上分析，本研究此处对语文教师教学认知能力构成内容再次细化。

语文教师教学认知能力结构研究采取自下而上和自上而下结合的方式，自下而上就是在职前和职后教师培训、语文课程与教学研究文献梳理及以往教师研究的基础上，概括语文教师的核心教学工作任务；自上而下就是从教师认知的视角寻找心理学的理论依据；再通过自下而上的方式对语文教师教育中遇到的普遍现象去验证，丰富相关理论。

通过相关研究，语文教师教学实践活动包括语文学科知识的组织和结构、语文课程与教材的理解、学生语文学情的分析、语文教学目标的设计、语文教学内容的确定、语文教学过程与方式的设计、语文教学诊断与评价、语文教学反思与改进等核心任务，这些教学任务伴随教学前、中、后整个过程。以往语文教学能力表述体系话语体系并不统一，有的指向行为，有的指向认知操作。如，教学目标设计本身来自心理学，在理论阐述中用的话语主要是心理学领域。而有的则是两种话语体系的混杂，如教学诊断与评价，有的是行为层面，如运用调查、访谈、纸笔测验评价学生；有的表述则是心理学层面的，如分析判断学生的学习结果和方式等。本研究要将话语体系统一在认知心理层面。

依据语文教师要完成的核心任务，其教学认知能力应包含如下要素。

认知资源部分包含语文教师教学心理模型和语文学科教学知识，后者由语文学科知识、语文课程观念、教学法知识、情境知识和关于学生的知识构成。

执行操作部分包含教学内容的确定及其教学价值理解、学生情况分析、各层级语文教学目标设计、语文教学过程与方法设计、教学监控。教学内容确定及教学价值理解又包含语文素养知识化、学科知识结构化、语文课程理解、语文教材理解、学科知识教学化。学生学习情况分析包含已有基础、学习需求、学习障碍和学习路径的分析判断。各层次教学目标设计包括学段教学、学年教学、学期教学、单元教学、专题和课堂教学等目标设计。语文教学过程与方法设计又包括原则和策略设计、取向与环节设计、问题与线索设计、活动与指导设计。语文教学监控包括洞察、决策、反馈、调节。

自主发展部分主要的认知表现为教学反思与改进，具体内容包括教学活动回忆、教学反省评价、寻求效果原因、方法途径重构。

（二）语文教师教学认知能力要素间关系

语文学科教学知识和语文教学心理模型是语文教师进行认知操作和自主发展的认知资源。在内部结构中，语文教学心理模型上升到理性状态会成为语文学科教学知识的构成成分，而学科教学知识的发展也会帮助语文教师个体更好地建构语文教学心理模型。本研究使用了较为通行的对学科教学知识内涵和结构的理解，即将语文教师学科教学知识看作融语文学科知识、课程观念知识、教学法知识、关于学生的知识为一体的特殊知识形态。语文学科教学知识是理论知识和实践知识的融合体，最后以实践性知识的形态在具体的语文教学问题解决和语文教学任务完成环节，通过语文教师执行控制这一认知操作发挥具体的作用。语文教师教学心理模型以表象和表象系统存在，所以本研究从形象记忆内容和提取的视角，将语文教学方式、语文教学流程和语文学习表现的心理模型作为语文教师教学心理模型的构成要素。

执行控制是在认知资源运用基础上语文教师指向教学问题解决和教学任务完成的教学信息加工过程以及对这一过程的认知监控。

教学信息加工包括语文教学内容的确定及其教学价值的理解、学生学习情况分析、各层次教学目标的设计和教学过程与方法的设计。对于不同发展阶段和不同语文教师个体而言，这几部分的先后关系较为复杂，本研究将之处理为并列关系。整个教学信息加工过程在教学监控的调适下进行，一般情况下教学监控包含洞察、决策、反馈和调节四个过程。从功能实现的视角，这些要素与一般教学认知执行控制的研究内容相近，但是在具体的信息加工内容方面，语文教师的教学认知能力执行控制部分特点鲜明。很多学科教师不太会花更多的时间在语文教学内容方面，但是语文教师和外语教师却要花大量的认知操作在教学内容确定环节，而其中语文教师在这方面的信息加工过程尤为重要。目前基础教育阶段语文学科知识缺乏学术学科知识的支撑，所以语文学科知识表现出不确定性。语文教师个体的学科知识个性化色彩浓厚，所以会出现语文教师教学内容不确定的问题。因为确定以语文学科知识为基础的语文教学内容是整个语文教学执行控制认知操作的“起点”，所以语文教师学科知识的特点几乎影响了语文教师教学执行控制的整个环节，这就是语文教师在执行控制认知操作方面的特点。

自主发展在运用认知资源基础上，对执行操作自主性研究心理行为，在教师个体身上表现为教学反思与改进，通常包含教学活动回忆、教学评价反省、寻求效果原因、方法途径重构几个阶段。通过这几个自主研究过程，产生只属于教师个体的实践性学识，这些学识会作为认知资源的构成要素，进而影响教师的教学执行操作系统，构成一个认知结构自我进化的闭环。如果将语文教师的学科教学知识分为理论和实践两部分，通过自主发展这一认知操作环节，语文教师可以实现理论知识和实践知识的融合，形成解决语文教学问题和完成语文教学任务的个性化实践性学识。

当然，本研究构建的语文教师教学认知能力模型中的要素不是每一个语文教师都具备，在每一个能力要素点上，也不是每一个语文教师的表现都相当，就是因为这样，语文教师个体的教学能力才表现出差异性。这里构建的语文教师教学认知能力结构是就目前研究看，指向一位成熟的语文教师个体应该具备的能力构成及关系。关于能力表现和层级方面的问题，本研究会在语文教师教学认知能力构成要素的具体内涵分析中进行详细论述。图 2 即为语文教师教学认知能力构成内容及其关系图。

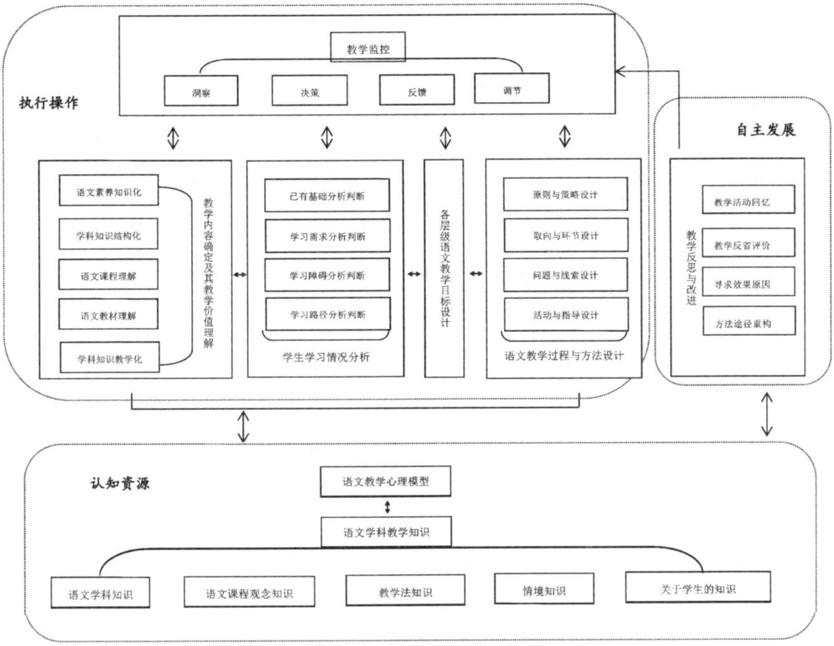

图 2　语文教师教学认知能力构成要素及关系图

本研究以语文教师素养研究为切入点，通过语文教师教学能力建构，最后聚焦于语文教师教学认知能力，借鉴教师认知研究成果，构建了语文教师教学认知能力结构，并梳理了语文教师教学认知能力结构内容及构成要素之间的关系。这为后面对每一个要素的具体研究奠定了上位理论基础，也是本研究最重要的理论成果。

第二章　语文教师教学认知资源论

百年语文教育研究，对于语文教师知识的价值研究经历了三个阶段。在1980年之前，研究者普遍将语文教师的知识看作语文课程的资源，从“一碗水”和“一桶水”之间的认识路径去看待语文教师的知识，将语文教师的知识认知局限于语文学科知识。随着语文教学论研究的兴起，语文教育阶段将语文知识的研究范围扩大到由语文学科知识、教育学和心理学。将教师认知研究引入语文教育领域后，研究者将语文教师知识作为教师认知资源看待。本研究即从语文教师教学认知能力结构中认知资源的视角看待语文教师个体化知识的价值。

语文教育研究领域一直认为语文教师的经验对语文教学很重要，但是还没有上升到理性认知阶段从知识形态的角度给予其准确的定位，本研究将这部分认知资源定名为语文教学心理模型。语文学科教学知识和语文教学心理模型是本部分的研究内容。

一、专业发展情境与语文教师知识发展

一旦涉及教师个体语文学科教学知识的问题，语文教师学科教学知识的构成和发展就是不可回避的问题。目前，语文教师知识的研究成果对语文教师学科教学知识的维度构成和发展影响因素的研究已经相对成熟，但是，整体上对语文教师学科教学知识学科属性方面的揭示还不够。本研究采取了语文教师认知资源建构与情境互动的视角，挖掘语文教师认知资源建构的专业特征。

以往的语文教师学科教学知识构成并没有对语文教师认知资源的发展特点和结构维度的关系进行揭示，本研究从语文教师认知资源构成和发展特征互动的视角对语文教师认知资源进行研究。如果本研究从发展特点的视角切入对语文教师教学认知资源进行研究，看起来是自主发展方面的问题，但是事实上这正体现了语文教师教学认知能力体系成分维度间关系的紧密性。

现有的教师教学知识研究往往不能或难以突出学科属性，语文教师作为专业从事语文教育的个体，其专业属性除在学科知识方面体现得较为明显，语文教师成长的情境对其形成共性的学科教学知识和个性化的学科教学知识都有重要影响。所以本研究对语文教师教学认知资源的研究从语文教师个体的成长情境特征和语文学科知识特殊性开始。

这里研究的知识是教育学和心理学意义上的知识，即一个语文教师个体拥有的知识，这有别于哲学领域对知识的理解，也非关于语文教师的知识。本研究将教师知识视为教师与情境的互动之后获得的认识结果，所以不同语文教师个体会出现语文学科知识“数量”“质量”乃至“对错”方面的差异。以往的教师认知研究较少关注情境，而事实上语文教师学科教学知识发展以语文教师学科知识为核心建构起来，这个建构的过程就发生在具体的教学情境中。除了学校情境和课堂情境外，还有很多情境在影响语文教师学科知识建构，进而影响语文教师学科知识的属性，对语文学科教学知识的建构产生连带影响，语文教师教学认知资源系统也表现出了学科属性。本研究借鉴格罗斯曼等 1995 年对美国教师个体成长情境分析示意图，并结合中国本土文化特征做出中国教师个体专业成长与情境互动示意图（见图 3）。结合本示意图，可以更好理解语文教师面对的专业发展情境。

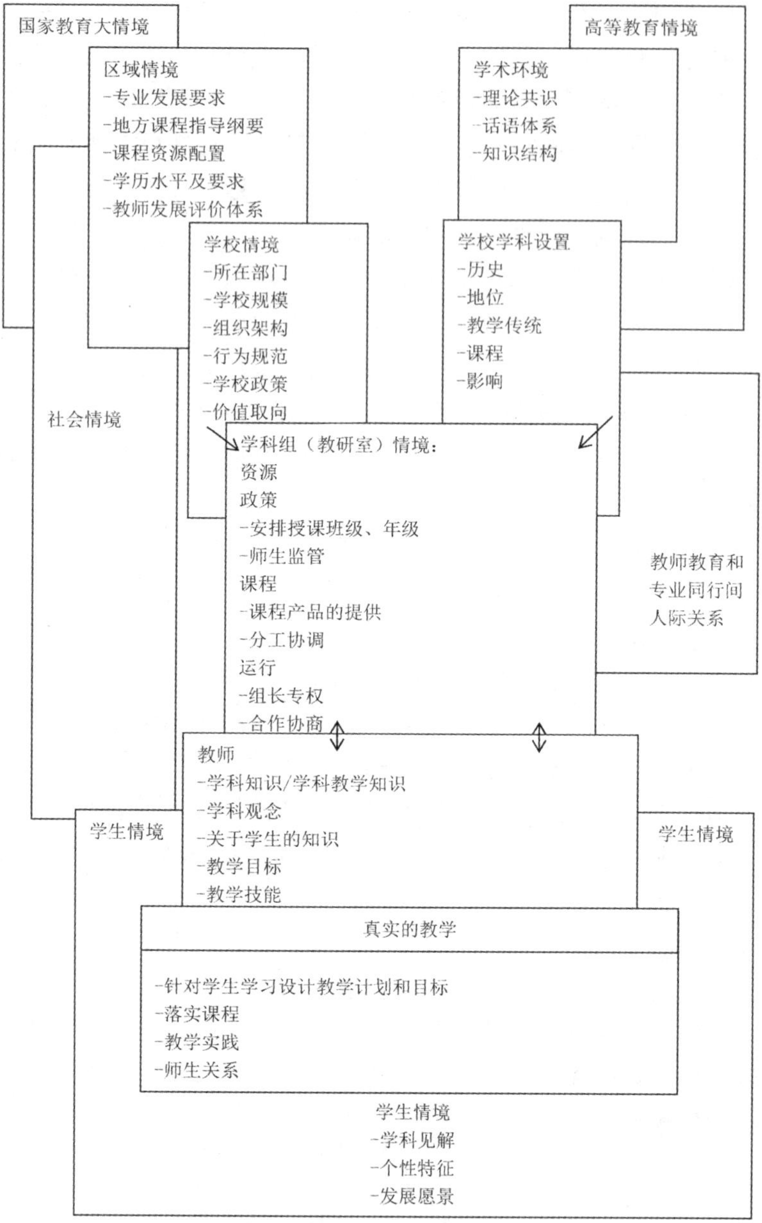

图 3　教师专业发展情境分析框架

一位语文教师的专业发展发生在复杂的情境中，从大的社会情境方面看，语文教师的专业发展受到国家的教育文化情境、地域性教育情境和任教学校情境的影响；从职前个体成长情境视角看，语文教师所接受的高等教育情境学术环境和专业学习情境都对其教学认知资源的建构产生影响。在职后的专业发展中，教研室情境成为语文教师教学认知资源建构和发展特点的主要影响情境。在这些情境因素共同影响下，语文教师建构属于自己的认知资源系统，其中最重要的表现就是语文教师个性化的语文学科教学知识。基于这样的语文教师认知资源发展情境分析，下面本研究就相关情境对语文教师认知资源发展的具体影响进行细致梳理。

（一）语文学科知识与语文教师专业发展

将学科内容本身作为语文教师专业发展的情境进行分析，在语文学科范畴内还较为缺乏。基础教育学校领域语文学科知识的特殊性，会将语文教师专业发展情境染上语文属性，语文教师在其中势必会受到专业发展方面的影响。

从国内外的教师教育经验看，一个学科知识体系（包括大学层面的学术学科知识体系和基础教育学校层面的学校学科知识）的确定与否直接影响该学科教师的课程决策自主权，进而影响该学科教师的学科教学知识建构形态。所以，语文学科知识的特点本身就是语文教师专业发展的情境影响因素。

当前，语文课程内容知识、语文学科知识、语文教学内容的确定性、语文学科知识等话题是语文教育领域的研究热点，这些研究共同指向基础教育学校层面语文课程内容的建构问题，包括语文课程内容的要素、语文课程内容的确定性与动态性、语文课程内容的理论性与实践性、语文课程内容由谁建构等。本研究认为，既然研究者一致认为教师是语文课程的建构者和实施者，那么以教师为中心进行语文学科知识研究，应该是一条可取的路径。

事实上，我国语文课程与教学领域面临的研究问题，在西方的语文教育领域也同样存在。从19世纪90年代开始到20世纪60年代，美国的英语学科内容构成经历了三个时期：以道德传统为中心时期，这一时期的学科内容指向文学教育、宗教教学和文化传承；古典教育时期，继承拉丁语教学和语法教学传统，重视儿童言语智能和语法训练；非学术时期，重视学生一生的英语素养培养。英国的英语教学一直有以语言为中心和以文学为中心的分歧，这种争议一直持续到当下。其实这种情况在很多国家的母语教育中都存在。我国语文教育领域关于语文学科性质的讨论最后也落到了语文到底“教什么”，其实根源就在于大家对语文学科知识内容方面意见不统一。张钧2012年就认为，这种语文学科知识的不确定性应该是语文学科的特点，美国著名的英语教育研究者格罗斯曼及其团队也持相同观点。格罗斯曼认为美国的英语学科不只包含一个学科，最起码英语在教学生语言和文学的同时，还培养学生听说读写的素养。她认为美国的英语学科一直以来就是“一个混乱的和充满野心的学科”。在美国数学教师和科学教师经常用“自由”“变化”“多样”“视野宽广”等词语形容英语课程内容。根据格罗斯曼等人的研究，因为学科知识的特点，相对于数学教师而言，美国的英语教师及英语教师所在的学校学科组拥有很大的课程决策自主权。

我国的语文教育文化体系在公共性的语文学科知识认识方面的分歧一直存在。王荣生及其团队对语文教学内容的系列研究将这一问题显性化，该团队在2003年之后的很长一段时间内，想促成语文教学内容的确定性，但是目前看来这一愿景远远没有实现。目前语文教学内容不确定的问题就是公共性的语文学科知识来源谱系的复杂性和时代对语文教育不断提出新的要求所导致的。1904年之前，语文教育内容以蒙学、经学和读写教育为主。1904年之后，受社会文化思潮、国语运动、白话文运动等影响，不断有新的内容进入语文学科内容体系，这些内容来源本就分属不同的学科体系，在语文学科知识内容体系中进行了聚合，形成了具有学校课程形态的独有的内容体系，这个内容形态就天然具有“很杂很混乱”的“基因”。

加之，时代对语文教育不断提出新的要求，又有新的内容进入语文学科内容体系，而我们语文课程与教学研究很少做减法，所以造成目前语文教学目的和内容体系让人“迷惑”的局面。

语文学科知识内容体系的特点对语文教师专业发展的影响最初表现在教学内容的确定方面。因为公共语文学科知识的不确定性，所以语文教师在教学过程中经常要思考教什么的问题，尤其在每次课程改革和教学改革面前，往往显得无所适从。一般情况下，基础教育阶段的一个学科在大学应该有一个学术专业与之对应，在我国的师范教育体系下这种对应关系体现得更为明显。即使现在的高等师范院校并不是将全部精力用来培养师范生的学科教学能力，也较少将心思花在大学学术课程与基础教育学校学科内容之间的对接上，不同学科背景的大学专业和基础教育学科之间的学科内容转化表现也不尽相同。相对而言，目前大学中文系开设的中国语言文学学术学科课程内容与中小学语文学科内容之间缺乏严格意义上的对应关系。所以，依据一定的条件从高等师范院校汉语言文学专业选拔而来的毕业生，面对语文课程内容决策时不同个体可能会在基础素养和发展潜力方面存在差异，但是他们面对的困境却是相似的。作为能动的个体，无论是新手语文教师还是在一定专业发展阶段的语文教师都会去寻求问题的解决之道。学科组或者教研室对语文教师教学内容确定的帮助是最直接的。

语文学科组或教研室是语文教师知识结构的直接情境，但是也因为公共层面语文学科知识的特点，语文教师在该情境中的认知资源建构也表现出一定的特点。语文教师会在具体的情境中解决学科内容确定的问题。以新手教师为例，根据本研究多年与基础教师学校实习合作的经验可知，我国的语文新手教师入职后会进入学校的语文学科组，学校语文教学表现优异并较有资历的语文老师会担任学科组长，语文新手教师会被指派专门的“师傅”来帮助新手教师进行专业成长。这时，一个学校的学科组就成为影响语文教师专业发展最重要的情境。根据前文所述，因为公共语文学科知识庞杂而不确定的特点，新手语文教师面对困惑时，学科组团队就是其最直接的求助对象。

这种情况在西方也类似。西方研究者认为教师既是一名个体，也是一名专业团队的成员，其成长环境对其知识发展有重要影响。在西方学科组情境一直被作为影响教师知识建构的关键性情境，并且对二者的关系进行了深入探究。早在 1991 年 Siskin 通过个案研究和对美国加利福尼亚州 25 所高中英语学科组的跟踪研究，发现当地的英语教师就是因为成为学科组的成员而进入了一个独立的世界。在学科组中，英语教师与志同道合的团队成员分享专业兴趣、专业培训，共同经历专业生活。西方的中学学科组往往拥有给教师分配课程、选择教材、安排授课班级、评价学科课程等权利，所以英语教师认为学科组是自己最关键的专业咨询伙伴。当进行课程与教学改革时，整体的决策权也往往就在一个学校的学科组。学科组是按照教师所教学科进行划分的中小学的一个组织单位，所以学科组的性质势必会因为教师所教学科的不同而不同。

如前文所述，因为学科内容的特点，学校的语文学科组有很大的课程决策权，只不过决策的方式不尽相同。有的学校的课程决策采用民主协商的课程审议方式，有的学校可能采用组长集中决策的方式，不同的决策方式对其中的教师个体的知识建构方式、结果和能动性都会产生影响。根据本研究长期在不同实习学校访谈和观察发现，一般来说不同学校的数学老师在课程内容的确定方面分歧很小，即使这些学校的生源、规模和影响并不一样，但是整个课程内容体系与课程标准和教科书序列也能够保证一致。不同地区的学校或者同一地区不同学校，在语文课程内容决策方面不尽相同，但是在同一学校内部语文课程内容体系却大体相同。所以在所在学校教研文化的影响下，加之语文教师本身的学术背景和个性特征，语文教师在语文学科知识获得的阶段就表现出较强的实践属性和个性特征，这在一定程度上决定了语文教师学科教学知识的建构特征。

以上是在学校学科组层面探讨了语文学科知识对语文教师学科

教学知识建构的影响，后面本研究将详细从其他情境层面分析语文教师如何将学科知识与关于学生的知识、情境知识、课程观念、教学法知识相融合，而形成语文教师学科教学知识。在此之前，还有必要对语文教师学科知识建构特征做详细论述。

（二）情境中语文教师学科知识建构特征

前期本研究主要集中在语文教师在众多叠加情境中自身建构和发展语文学科知识的特点。目前可以基本认定语文教师通过文本解读生产和建构自己的语文学科知识体系，语文教师的文本解读能力是目前语文教师学科知识建构的核心能力。此观点在张钧《文本解读：语文学科知识的生产方式》一文中做了详细论述，为了本研究内容之间衔接的逻辑性，这里将该文的主要观点摘录如下。

在不同的情境中，语文教师建构学科知识要以语文教科书为载体。从 20 世纪初旧制文选改良至今，我国的语文教科书就以文选型教科书为主导，世界范围内其他国家的母语教科书编撰形态也类似。文选型教科书并不能直接呈现语文学科知识，选文一直被赋予蕴含语文学科知识的样例或载体的职能。语文课堂教学所运行的语文课程内容确定所依赖的语文学科知识建构常常要依赖语文教师进行一个教学操作过程，只不过这个行为过程在不同时期被冠以不同名称。

在 1953 年之前，语文教师能从选文中挖掘出的语文学科知识内容有限，这种情况在现代文教学中表现尤为明显。1953 年，红领巾教学法引入苏联文学文本分析理念与方法，一时间形成了以作者介绍、时代背景介绍、段落层次分析、提炼中心思想、写作手法分析等为维度的课文分析框架与模式，成为语文教师备课的抓手。20 世纪 60 年代和 80 年代，课文分析主要以“八字宪法”涵盖的语文知识体系作为指导，从某篇课文中分析出的内容即是“八字宪法”所指抽象知识的具体化。20 世纪 80 年代后，又有言语知识、语文思维、读写知识、言语意图等语文学科知识内容补充到以往的课文分析理念框架中，这种情况一致延续到20世纪末。

进入21世纪，“接受美学”和“哲学解释学”理论对语文教育影响很大，有出身于文学理论的研究者的直接研究，也有语文课程与教学论专业的学者借鉴相关理论探究语文教育的相关问题。此后语文教育领域以文本解读为主题的文章逐渐增多，2013年至今每年都会有1000多篇文章探讨相关问题，文本解读在研究领域和课堂教学实施层面成了语文教育领域的核心概念之一。

从现有文献看，汉语言文学专业学科专家、语文教科书编制者、语文课程研究专家和语文教师等不同群体，对文本解读的内涵理解各不相同。从文学研究领域借用了“文本解读”一词后，研究者不应该被它本来的意义所遮蔽，更应该关注“文本解读”一词被语文教育领域这一特殊语境使用后形成了什么意义。在语文教育领域看待文本解读应该综合考虑以下三个维度：一是具体课文的文本解读认识成果，表现为经过验证的对一篇具体课文的共性认识，或者个体对语文课文研究后的个性化认识成果，这些本质上都是语文学科知识；二是社会发展对文本解读的现实需求；三是学生语文学习的特有规律。在以上哪个维度产生分歧，都有可能造成对语文教育领域文本解读内涵的不同理解。从语文教师建构语文学科知识视角来看，文本解读就是语文教师建构语文学科知识的认知过程。

在文学研究领域，文本解读是一种以研究为目的的解释性阅读行为过程，并在此基础上得出相关认识成果。将“文本解读”置于教育情境中进行界定需要考虑更多因素。首先，“文本”所指对象的变化；其次，解读情境的复杂化和解读主体的多元化；再次，解读过程不单纯以“研究”为目的；最后，文本解读认识成果的存在与传播形态不同。

文本从“文学”转向“选文”，“选文”与“文学文本”相比，文体和功能发生了变化。功能方面，这些文本都承担了“教育任务”，是为了实现语文教学目的的教学范本和凭借。这里“文本解读”依然保留了“以研究为目的的解释性阅读”这一特征，但只要是“解读”选入教材或者教学领域的“文本”，天然地就具有教育的性质。所以，语文教育领域的文本解读是以语文教育为目的针对选文的研究性阅读行为。

语文教育领域的文本解读发生在复杂的情境中，受多种因素的影响，文本解读在不同主体和语文课程建构不同阶段表现出不同情况。语文课程建构过程中的文本解读受到课程标准、教材编者、学校文化和课堂情境多种因素的影响。这与单纯的文学研究大不一样，在这个情境中，中文学科专家、语文教师、教材编者和学生都参与文本解读过程。中文学科专家在语文课程建构中的作用在于公共层面中文学科知识的生产，其中有可能成为语文课程资源的部分可以作为基础教育阶段语文学科知识的重要组成部分。目前看来，文学研究领域的中文学科专家对语文学科知识的生产贡献较大，特别是专门对基础教育阶段语文教科书选文具体篇目进行解读的研究者。但是语文学科知识并不只包括文学鉴赏类知识，基础教育的语文学科知识也特别需要中文专业的其他学科专家从语言学、阅读学、篇章学、写作学、口语交际学等角度进行选文的文本解读研究。但目前看来参与这方面文本解读研究的中文学科专家较少，这方面研究的主体是语文教学参考书编制者和语文教师。语文教科书编者会出版配套的语文教师用书，一些出版社也出版一些针对性的教材分析资料和练习册，这些材料都是教学参考书层面的文本解读认识成果的展现，成为语文课程建构中重要的语文学科知识来源，这些知识对语文新手教师来说更具有语文课程建构的支撑价值。语文教师作为课堂层面语文课程建构的真正主体，也不断地通过文本解读进行语文学科知识的生产，越是优秀的语文教师越重视自己的文本解读认识成果。语文教师通过文本解读进行的语文学科知识生产有的进入公共知识的系统，而有的则是临时性的创生，具有很强的个性化特征。

在中文学科领域的学科专家那里，文学研究领域的文本解读认识成果以“论文”“专著”和“个人学识”的形态存在。在语文教科书及教参编制者那里，基于文本解读的语文学科知识呈现方式是教师用书、教学参考书和练习册。语文教师的文本解读认识成果也会发表，成为公共形态的语文学科知识，也有语文教师的文本解读认识成果以教案和教学设计的形式呈现，或以个人学识的形式存在于语文教师的个人认知世界中。

综上所述，语文教育领域文本解读在语文课程建构的不同阶段有不同的价值和功能，在语文课程建构的起始阶段，文本解读是作为语文学科知识的生产方式出现的。语文教科书中的选文篇目，经过文本解读，一方面形成了很多共识性的语文学科知识，成为语文课程建构较为稳定的学科知识来源，另一方面很多临时创生的语文学科知识也可能出现在语文课程内容建构过程中，但是这也依赖于语文教师的文本解读素养水平。不管是借助文本解读生产的公共知识还是临时性知识，都只是语文课程建构的知识来源，到真正课堂实施层面的语文课程内容还有很长的距离，需要一个转化的过程，在这个过程中语文教师的语文学科教学知识会扮演重要的角色。

语文学科知识的生产过程有很强的个性特色，所以一个群体或者个体语文教师身上会表现出不同的学科知识态度、学科知识结构。语文教师特色的学科知识态度和结构在一定程度上影响了语文学科知识的建构。

（三）语文学科教学知识构成要素融合的情境影响

从情境认知理论的视角研究语文教师知识，需要从共时和历时的角度梳理一个教师及其所处的组织。从共时的层面讲，语文教师除了是一名专业教师，还是学校教研组织中的一员，也可能是某个协会的一员，或者教育行政管理下的工作人员。从历时的角度看，语文教师个体经历了学生时期的语文学习个体、大学中文专业学习个体，分配工作后又是经历了不同教学文化的个体。从我国一位语文教师成长经历看，语文教师的学科知识与相关知识要素的融合过程非常复杂，所以也容易形成自己个性化的学识体系。

首先，语文教师学科知识与课程观念的关系。语文教师的学科知识结构和学科知识观念会对其课程观念产生影响，反之亦然。这方面的理论研究在欧美国家较多，与教师学科教学知识的研究相伴随。西方多位学者在研究英语教师的学科知识与课程观念关系中发现，英语教师对自己学科知识素养的评价会影响自己的课程观念。在这方面，教师身上出现“专长”情结和“心理补偿”情结引人关注。拥有专长情结的英语教师认为自己擅长的素养重要，教学就是一种本领的传递；有心理补偿情结的教师倾向于认为自己所缺乏的学科素养或者学科知识是在其教学过程中更为重要的部分，所以自己的课程设计和实施中就倾向于自己所重视的这部分，进而对自己的教学行为和结果产生影响。美国多位学者研究发现，英语教师的课程观念也会影响教师的学科知识建构和教学行为。研究者在英语教师尤其是有经验的英语教师身上发现，如果教师认为写作教学的目的就是正确的语言运用方法，那么教师就倾向于在教学中建构关于语法和文章结构方面的知识；如果教师认为写作教学的目的在于培养学生面对一定对象的交际能力、理解能力和表达自我的能力，那么教师就将自己的学科知识建构集中于交流素养本身。

本研究的观点是，语文教师的学科知识和学科教学观念之间一定存在互动关系，但是影响因素也较为复杂。语文教师学科知识和课程观念之间的相互关系发生在复杂的情境中。在本研究长期的语文教师培训实践中也发现，语文教师的学科知识观念和语文课程观念之间关系密切，有的教师因为大学时期的学术兴趣对学科知识产生独有的观念，进而影响自己的课程观念；有的语文教师则是受到了学校情境中某位教师的影响，从开始重视学生某些素养的培养而重视相关学科知识的建构；也有的教师受到国内知名特级教师的影响或者对自己所处情境的思考；也有因为参加国家课程培训而产生相关观念；特别要指出在很多教师身上表现出，语文教师所处的考试文化情境对其学科知识和课程观念形成有至关重要的作用。综合以上长期与一线语文教师交互中获得的研究结果，本研究目前认为语文教师学科知识虽然使得学科知识和课程观念之间产生关系的出发点较为复杂，但是二者关系密切并且相互影响的事实是确定无疑的。今后语文教育研究领域在思考语文教师课程观念发生和发展时，应该充分考虑教师个体所处的情境，这样才能使相关的研究更为客观，取得更好的培训效果。

其次，本研究从语文教师学科知识和关于学生的知识在情境中相互影响的视角，对语文教师学科教学知识的特殊性进行梳理。在大力倡导语文核心素养的今天，语文教育领域确实需要加强语文学习的科学研究，事实上很多学者在这方面已经做了大量的工作。通过对以往语文学习研究范式的梳理，本研究认为，今后关于语文学习的研究需要思考其复杂性和对教学功能价值实现的有效性。

本研究系统梳理过 1959—2012 年在心理学领域汉语学习的文章，其中阅读学习、写作学习、识字学习、汉语认知方面的研究成果较多，其中不乏有价值的文献。民国时期，艾伟对识字写字的心理学研究对相关教学有深远影响。当代，语文教育研究领域的知名学者刘淼教授的《作文心理学》从认知心理过程的视角重新审视了写作过程、写作能力结构和学生学习写作的策略，当时，这部著作被著名心理学家林崇德教授评价为“研究写作心理首先必须要读的书”。刘淼对作文心理学的研究开创了基础教育阶段学习心理研究的新领域，从针对性和系统性的角度讲，目前的语文学习科学研究多年再没有出现这样有价值的作品。20 世纪受陶行知等人的影响，语文教育研究领域一直都重视学生语文学习及相关研究，但是忽略了真实自然的语文课堂教学，我们需要重新思考语文学习研究。以往的心理学主要是对儿童语文学习规律的研究，为语文教师教学行为的实施提供建议。而事实上，教学和学习是文化和社会实践的一种形态，把语文教师的教学当作“实践”来理解，那语文教师的教学绝不仅仅是“技术系统”。语文教学是语文教师在复杂的文化、社会背景中产生的，是解决语文教学中复杂问题持续不断的判断与选择的过程。语文教师的知识和认知水平是语文课程建构与实施的决定性因素。那么，语文教育心理学研究的意义在于，为语文教师提供关于儿童语文学习的知识，而不仅仅对语文教师教学行为进行指导。也就是说，语文学习心理学研究成果只能是语文教师关于学生语文学习知识的一个来源。然而，语文学习心理研究往往不是针对具体的语文学科知识的学习，也不是针对具体学生的学习情况而指向普适，所以在语文教师具体课程实施中的价值是有限的。因此，本研究从语文教师认知角度，在语文教师具体的专业成长情境中思考语文学习心理研究的问题。

语文教师的学科知识建构与对学生语文学习的理解之间相互影响，并天然融合。本研究通过大量的指向性调查基本可以得出结论，语文教师学科知识建构受到教师对学生语文学习理解的影响，自己本身学科知识的发展也会影响自己对学生语文学习的认识。因为成长情境的不同，不同个体的语文学科知识不同，面对的学生的情况不同，建构的关于学生语文学习的认识成果也不同。

本研究通过各种机会考察过不同类型的学校生源不同对语文教师学科知识建构的影响，进而影响语文教师对学生语文学习的认识。根据本研究对内蒙古中西部多所县级普通高中的调查，不同学生特点确实影响教师的语文学科知识建构。根据生源中考成绩和未来高考规划，将这些学校划分为普通学校和重点学校。普通学校的学生中考成绩较低，语文学习的积极性和主动性不强，在语文教学过程中教师和学生在语文学习问题方面的交流很少。从语文教师学科知识建构的角度看，高一主要以教科书课文为载体建构自己的知识体系，由于学生的学习能力有限，语文教师要对教科书中的学习内容进行取舍，一般学习能力差的班级学习的课文较少，那么语文教师需要解读的课文就较少，知识建构的数量就有限。因为学生提不出新的关于学科学习的问题，所以这样学校的语文教师也缺乏语文学科知识探究的情境，语文学科知识建构的深度一般也有限。但是，重点高中的语文教师就不同，因为学生语文学习积极性较高，学习能力强，也能提出一些关于学科知识的挑战性问题，老师就需要更加努力准备学科知识，进行学科知识方面的探究去优化自己的语文学科知识结构。因为这样的老师和学生交流的机会多，所以该情境下的教师有更多的机会去了解学生的学习特点，实现了对学生语文学习的知识增长。

我国一般的高中在高二就会转到选修课教学和高考复习。在复习的过程中不同学校的学生表现对语文教师提出了不同的学科知识挑战，内蒙古西部区县级的一般高中能够按照考试大纲进行一轮复习，而且学生多为接受性学习，语文教师只需要在基础性知识的建构方面做到一定程度即可，但是重点学校的教师则会进行到三轮复习，准备第二轮和第三轮复习，学生会提出更有挑战性的问题，所以语文教师也需要不断提升自己的学科知识水平去应付学术的挑战，因此也增加了与学生交流的机会，丰富和提高了自己关于学生语文学习的知识。本研究还通过一所省属中学的教师访谈研究，进一步验证了研究结论。本研究选择了几位入职十年以上的语文教师作为访谈对象，这些教师教学水平高，行业领域影响大，多位教师曾经培养出省级语文高考状元，具有教学反思意识。他们一般会带一个年级三种类型班级的语文课程，这三种类型的班级是按照学生的中考成绩进行分层划分而来。这些语文教师共同的深切体验就是，从作业提交的质量和进一步提出问题的能力看，越好的班级作业质量越高，提出的问题更具有挑战性，语文教师需要不断地提升自己的语文学科知识水平才能完成相应的教学任务。他们也认同在与学生交流的过程中能更加了解学生的语文学习特点。可见，语文教师的学科知识与关于学生知识发展之间的相互影响客观存在，并且与相关情境密不可分。本研究的分析还只停留在学校情境，其实学区和地域情境不一样，语文教师学科知识建构和关于学生知识建构之间的融合方式也应该不一样。教学理论研究中总说教学相长，但是针对学科教师教学相长的研究并没有走向学理层面，希望本研究可以在这方面提供一些思路。

最后，本研究从情境影响的角度探讨语文教师学科知识和教学法之间的融合发展情况。一般的高等师范院校语文教学论课程内容体系将教学方法分为一般的教学方法和语文课程独有的教学方法。从教师的角度看，语文教学方法的核心在于语文学科知识的呈现和表征方式，语文学科知识的呈现应该是语文教师学科知识和教学法知识融合的基点，形成的知识是语文教师学科教学的核心。以往的教师培训大多是自上而下要求语文教师掌握一些方式，与具体的学科知识教学距离较远,相关培训一般激发不了语文教师的学习动机。

总结本研究以往的语文教师培训经验，效果较好的培训多为与学科内容融合较好的语文教学方法研讨。有一次，本研究团队归纳了识字写字的教学方法与小学语文教师进行分享，小学语文教师就表现出极大的学习兴趣，并且引发了探究和讨论，最后大家还将话题引到了对这些教学方式的评价和互补性融合方面。这些培训经验在一定程度上引发本研究去思考，如何采用自上而下和自下而上相结合的方式思考语文教师学科知识和教学法知识的融合问题，无论对具体的语文教师教育培训还是作为语文教师自主专业发展的参照，都是很有意义的工作。

多数语文教师只作为一个学科组的成员进行自己的专业成长，部分语文教师会有机会进入一个专业成长共同体，极少数语文教师会成为一个专业协会的成员。语文教师个体的专业成长环境其实是一个相对独立的世界，虽然现在信息技术发达，但是作为“场依赖性”极强的专业成长来说，语文教师的学科知识和教学法知识融合受这个独立情境的影响巨大。语文教师通过文本解读和同侪交流获得语文学科知识，新手语文教师在某一个专题下最初实施教学的方法主要来自对师傅、学科组领袖或者对某一位中学教师现成教学的模仿，其中师傅和学科组领袖对新手教师的影响最大。而且，在新手教师专业发展初期，本身对学科知识的学习和教学法知识的学习是融合在一起的，并不是分别发展而后相加，当语文教师度过“求生期”，对语文学科知识和教学法知识具备分别自觉反思意识和融合反思能力之后，才会开始建构属于自己的相关知识体系。

有的语文新教师为了教学“求生”甚至会放弃本来已经有的对语文学科知识和语文教学法知识融合的理解，而去适应自己所处的学科组教学文化，这种情况从徐鹏2016年的研究中可以得到部分证实。根据徐鹏的研究，中文专业实习生到了实践场域会盲目接受实践共同体的学科教学知识。该研究对此表达了担忧，并且号召实习生坚守原来的学科教学知识，不要被实践共同体的假象迷惑。用情境理论分析这一现象，新手教师在求生阶段，在面对影响情境中相融合的学科知识和教学法知识时，处于不对等的弱势地位，放弃自己原有的立场属于正常现象。

语文教师个体专业发展到一定阶段，随着自我教学反思的觉醒，这种情况会发生改变，但是在不同情境中不同特点的教师身上也表现出不同的特点。本研究曾经长期关注一个地区两所初中的教研文化，一所初中紧守传统教研文化，但是尊重教师成长的自主性，所以这所中学语文教师的学科知识和教学法知识的融合较为传统，主要以教科书体系构建语文学科知识系统，追求相关知识的不断完善和学科知识呈现方面的优化。另外一所中学是公立和私立混合式中学，采取集团制管理模式，这所中学的教研文化较为开放，与国内外中小学教研活动频繁，所以这里的老师获得交流的机会较多，国内很多“先进”的教学理念很好地融合在学校的教研文化中，所以当下语文教育领域较为火热的整本书阅读教学、群文阅读教学等在这所学校广泛开展。最后的结果就是整体上两所学校的语文教师群体语文学科知识和教学法知识发展体现出不同的方向。本研究认为两个学校教研文化并无优劣之分，但是两所学校教师的学科教学知识发展确实表现出了不同的状态。

语文教育研究和语文教师教育研究，需要从更复杂的维度思考语文教师学科教学知识发展。语文教师的学科知识和教学法知识是整合式发展还是分别线性发展的问题更为复杂，将是本研究今后继续关注的问题。

以上本研究从情境分析的视角，以语文教师学科知识为出发点，对语文学科知识建构特征进行了概括性分析，希望可以为语文教育和语文教师研究提供一条新的思路。

二、语文教师学科教学知识构成要素分析

集中梳理目前已有语文学科教学知识的研究文献，发现成果主要表现在语文学科教学知识的结构、来源和影响因素。综观现有的语文学科教学知识研究，本研究认为存在以下几方面需要解决的问题。首先，语文教师作为国家通用语言文字教育的专门从业人员，其知识内涵特有的学科属性在长期的语文教育研究中一直没有被重视。从语文教学内容方面看，语文教师在阅读、写作和口语交际教学中需要的知识虽然有交叉，但是其区别也非常明显。其次，语文教育研究有必要对语文教师不同教学内容所需要的知识进行清楚的界定。语文教师知识从不同的教学内容角度可以区分出专门性的学科知识，而现在语文教育研究领域这方面的工作还很薄弱。语文教师知识内涵界定不清楚，导致语文教师知识研究缺乏学科性质。再次，语文学科教学知识各要素之间的关系揭示得不明晰。最后，目前的研究主要集中在语文教师学科教学知识自然发展状态，缺乏教学介入如何培养语文教师学科教学知识的研究。因此，本研究借鉴目前语文学科教学知识研究中普遍采用的结构划分方式，对其中各个要素的内涵进行详细分析，并尽可能揭示各个要素之间的关系。

本研究从以往文献中尽量探寻各个知识要素分析的理论基础，并保持本研究的理论品格。在长期职前和职后语文教师教育实践和研究的基础上，为了探寻语文教师学科教学知识的特点，本研究借助“国培计划”这一平台，持续对来自内蒙古自治区各地的中小学教师做了多次专题访谈，发掘不同专业发展阶段、不同发展情境下语文教师学科教学知识结构和发展的特点。另外，本研究还对一所九年一贯重点学校的一个语文年级组进行了近两个月的追踪研究，

深度挖掘同一教研文化下不同语文教师个体，处于不同专业发展阶段的语文教师学科教学知识的结构和发展特点。下文对语文教师学科教学知识内涵的探讨，正基于以上研究的综合性成果。

语文教师学科教学知识由语文教师学科知识转化而来，所以本研究将语文教师学科知识作为独立的部分进行阐述。

（一）语文教师学科知识的内涵和构成

1. 语文教师学科知识的内涵

从语文课堂课程建构的层面看，语文教师学科知识既是语文教学认知能力的构成要素，同时也是语文课堂课程建构的直接知识基础。一般情况下，我们认为学科教师所拥有的学校学科知识和其教学所依赖的专业学术学科知识结构有一种映射关系。但是这种关系并没有表现在语文教师的语文学科知识方面，所以造成不同的时期语文课程教学对语文教师学科知识的要求更迭频繁，该现象在前文已经做过论述。当然这种现象也不只是发生在我国，其他国家也面临这样的问题，简要情况在前文也做过阐述，在此还要重申，这里所阐述的语文学科知识与传统意义上由“字、词、句、篇、语、修、逻、文”构成的语文基础知识不是同一个概念，因为这个知识体系不能涵盖语文教师学科知识的全部，应是语文教师学科知识的一部分。大学汉语言文学专业学术知识体系和这里强调的语文学科知识也不尽相同，因为大学汉语言文学的专业知识体系并不能和基础教育阶段所有语文学科知识内容体系紧密对接。因为一些听说读写等语言文字运用的素养培养方面的知识，一直就不在中国语言文学研究的范畴内，这些知识在两个领域之间有大量的交叉重叠但不相同。

因为难以找到一个确定而完整的知识体系帮助语文教师建构自己的学科知识体系，所以语文教师身上表现出以下学科知识建构与发展方面的特征。首先，语文教师学科知识的建构自主性较强；其次，语文教师学科教学知识建构个体间差异性较大；再次，语文教师学科教学知识观念庞杂；最后，由于缺乏统一的公共学科知识体系，语文教师的专业归属感较差，在学科专家面前缺乏学科知识自信。这些特点带来的直接显性影响就是，语文课程内容建构的不确定性。

针对以上语文教师身上体现出的学科知识建构问题，本研究着力从比较的视角探寻语文学科知识的属性。不同的研究范式对教师知识的认识并不一样，在课程与教师关系的研究视角，教师知识是重要的领域。循着这样的视角，施瓦布的学科中心主义理论进入本研究的研究视野。根据学科中心主义理论，语文学科知识存在公共知识和个人知识两个维度，两个维度的关系决定了二者对应的一致性程度。根据施瓦布对课程知识的研究，任何知识的存在都有“单一主体和复合主体两种形式,单一主体的知识存在表现为个体知识，复合主体的知识存在表现为公共知识”。[①]但是，因为作为学科课程建构知识来源的学科知识的不同性质，两种知识存在状态的表现会有差异。施瓦布在“学问中心课程”的研究中提出，不同学科的学问发挥作用的学术共同体组织是不一样的。在“学问中心课程”领域发挥主导作用的是大学里最精干的学术共同体，像基础教育阶段的数学、物理学、化学、生物学等。这些学科的公共知识和个人知识之间的关系特点是，学科教师在公共知识面前不处于主导地位，参与知识创造的能力和机会有限，学科教师的知识结构体系和公共学科知识的结构体系具有高度的一致性。而在施瓦布的学问中心观念中，像文学、艺术、音乐等是最远离“学问中心”的课程领域，这些课程的学问创造与批评拥有最为广泛的学术共同体，因为这些学问处于“学问”性质单薄的文化领域。本研究认为，施瓦布的论述有其合理性。语文学科知识本质上属于人文知识，所以其研究的共同体是广泛的。在现实生活中存在这样的现象，对一篇文章“任

① 余文森. 个体知识与公共知识：课程变革的知识基础研究[M]. 北京：教育科学出版社，2010：18-26.

何人都可以去品评几句，而且似乎都有几分道理”，而这种情况很少发生在数学和科学学科方面，因为这些学科的研究为少数的学术共同体所占有，一般人群在学科专家面前是不敢自称“专家”的。从这个意义上说，语文学科知识的存在主体是倾向于个人的，也就是说，虽然有专业的公共语文学科知识生产团队存在，但是通常情况下语文学科知识更多地表现为个人知识。例如，阅读方面虽然在公共的学术领域有对阅读本体的研究，有阅读规律的广泛探讨，但是在具体的语文教育领域，面对一篇课文怎么读、读到了什么、怎么对阅读水平进行判断等都需要个体经历阅读的过程才能获得，而不是规律性知识的学习。口语交际方面也有很多指导性的知识，但是在具体的交际情境中使用什么知识、如何使用知识、形成具体的口语交际能力都需要从事口语交际的个体在口语交际实践中检验和获取。但这并不意味着公共形态的语文学科知识不重要，事实上语文学科公共知识在课程建构中具有重要的意义，有事业心的语文教师也会阅读大量的专业书籍以丰富自己的专业知识，而且这些专业知识会被这些语文教师能动地二次加工。根据学科中心主义理论，这样可以加深对语文学科知识的理解。

基于以上分析，语文教师学科知识庞杂、边界模糊、自主性强的属性就被确定下来。因为语文教师学科知识的属性特点，语文教师在天然具体的课堂课程建构方面拥有较大的自主权，同时不同主体对语文课程教学会产生不同的评价标准体系。例如，在 2001 年的课程改革初期，语文教育界兴起了以读者为中心的文本解读理论，很多文本解读思想涌入语文教育领域，多元解读的边界问题成为语文教育研究的一个热点。语文教师在落实这样的课程理念时，由于语文教师学科知识方面的特点，具体的语文课程内容建构呈现出多样化的情况。有研究者对此持肯定态度，也有很多批评的声音，面对这样的情况语文教师显得无所适从。其实目前的语文教育研究领域也一直没有处理好这个问题，所以才有王荣生提出的语文教学内容确定性问题。那么，语文教育就任由这种现象发展下去吗？

本研究从“认识”和“理解”关系中分析语文教师学科知识，探索教学内容确定问题的解决之道。从认识论的角度看，人类知识的建构可以分为认识与理解两个向度。认识向度倾向于认识论范畴被认为是真理的公共知识的吸纳，追求知识的本质、规律和真理，认识的知识对象通常具有可观性、普遍性和确定性；而理解向度倾向于发掘理解对象的意义，目的在于建立认识主体与客体的意义关系，知识内容表现为精神、意义和价值等，理解的成果具有主观性、情境性和不确定性。从语文学科知识的建构来看，认识和理解两个向度都是存在的。个体语文学科知识的建构通常都是已有的真理性语文学科知识和个体对语文行为的理解得到的认识的混合体。个体间语文学科知识建构方面的区别在于公共知识学习和具体语文行为过程中获得的独特理解方面的比重，同时个体间在语文学科知识学习和理解方面也存在深度和广度的差异。本研究认为，语文教师学科知识应该是其公共理论知识学习的自身实践性学识的混合体。由于语文学科知识的开放性，语文教师必须要从现有的公共知识中去学习，再高明的语文教师也不否认已有的达成共识的知识学习的重要性。同时，语文教师即使在直接占有公共形态知识的情况下，也不能直接获得其具体的知识意义，还需要将这些知识还原到文本中去理解。而在真实的语文学科知识建构中，没有哪一位教师是不读课文就直接去理解中文学科专家生产的知识，而且语文教师本身就是语文学科知识的生产力量。所以，语文教师的学科知识是公共知识学习和个人文本解读获得认识的共同体。如果语文教师不注重已有的达成共识的知识的学习，其语文学科知识建构和课程内容建构就会陷入浅薄、盲目性和随意性，导致在语文教学实施中出现解读边界模糊、无依据确定教学内容的情况。如果语文教师不注重自身的文本解读认识实践，那么其教学就是没有自身生命的知识搬运。如何在具体的教学实践中处理共识性的文本解读知识和个人独特理解的平衡？施瓦布知识结构中的句法知识理论可以给语文教师文本解读知识的建构提供参考性思路，句法知识具体的方法包括“熟虑术”和“折中术”[①]。熟虑术就是以多元的观点思考一件事物的方法；折中术就是在做出实际决策时，综合多样的理论与方法的技法。作为语文学科知识建构的实践共同体，语文教师群体便是生产语文学科知识的一个组织，会形成一套具有语文教师特色的语文学科知识建构系统。语文教师个体知识既具有语文教师知识系统的特征，又由于其实践性表现出一定的个体风格。[②]

综合以上探讨，本研究认为语文教师的学科知识是其在达成共识的专业知识学习与个人学识相融合而形成的一种特殊的实践性学识。

2. 语文学科知识的结构

施瓦布认为，学科知识意指关于一门学科内的概念、规则及其联系与组织方式，主要包括三个维度：内容知识、实体性知识与句法知识。[③]格罗斯曼等通过英语、历史和生物等学科教师的研究，基于施瓦布的学科知识维度提出了教师学科知识的四种成分：内容知识、实体知识、句法知识与学科观念。[④]内容知识，指的是教师要知道所教授学科的事实性知识、组织性原则和核心概念；实体知识，指的是教师要知道所教学科的解释性框架和解释性范式；句法知识采用施瓦布原来的理解，认为是教师决定新知识纳入某一学科领域的一些规则和方式；学科观念是教师在教学中形成的对学科内容的定向。在本研究查阅到的学科知识结构研究中，格罗斯曼是针对英语教学进行教师学科知识结构研究的代表性人物，所以本研究结合格罗斯曼等对学科知识分类的四个维度对语文教师学科知识结

---

① Schwab J. The practical: A Language for curriculum. School Review, 1969, 78(1): 1-24.

② 以上内容和观点，作者在《语文教师文本解读教学化》一文中做过更详细的阐述。

③ Schwab, J. J. (1978). Education and structure of disciplines. In I. Westbury & N. J. Wilkof(Eds.), Science, curriculum, and liberal education (pp. 229-272). Chicago University of Chicago Press.

④ Grossman, P. L.,Wilson, S. M.,& Shulman, L. (1989). Teacher of substance: subject matter knowledge for teaching. In M. C. Reynolds (Ed), Knowledge base for the beginning teacher (pp. ix-xii). Oxford, England: Pergamon Press.

构进行分析。为了更鲜明体现语文教师学科知识的学科属性，本研究以语文教师汉字学知识为例进行分析（见表7）。

表7　语文教师汉字学知识结构

知识类型	内涵
汉字学内容知识	汉字学包含哪些内容，这些内容之间有什么联系，有哪些核心的概念在建构这些内容。汉字学内容知识回答的是“与汉字相关的知识有哪些”的问题。
汉字学实体知识	解释汉字学关键概念和内容的方法性知识，是汉字学的解释性框架和范式。汉字学实体知识回答的是“如何解释与汉字相关的知识”的问题
汉字学句法知识	对汉字学的认识进行合理性解释的知识，是新的汉字学知识进入已有汉字学知识结构的规则或方式。汉字学句法知识回答的是“为什么这样认识和理解汉字是合理的”
对汉字知识的认识	在以上三种知识形态基础上形成的对汉字学知识的元认识，是关于汉字学知识的知识，回答的是“与汉字相关的知识是什么”的问题

汉字学内容知识指的是汉字学包含哪些内容，这些内容之间有什么联系，有哪些核心的概念在建构这些内容。通常语文教育把汉字学的内容集中在以下方面：汉字属性、汉字材料、汉字整理、汉字形体、字音、字义、结构、汉字演变、汉字职能、汉字文化等。每一个内容板块又有具体的内容，例如，汉字的形体方面有书写单位与字体风格、汉字形体的区别要素、汉字形体的演变等，而汉字形体的演变又包含线条化与笔画化、简化和繁化、黏合与分离、换位与改向、变形与异体等内容。[①]语文教师对汉字学内容知识掌握的量和质决定了其面对汉字教学问题解决和任务完成时课堂上的课程内容质量。除了汉字学知识外，语文教师学科知识中还包括其他方面的知识，如语音学、阅读学、写作学、文章学、文艺学和文学

① 李运富. 汉字学新论[M]. 北京：北京师范大学出版社，2012：243-260.

知识等。每个知识体系中与语文教学直接相关的内容都有可能成为语文教师学科知识中的内容知识，语文教师具备这些知识就熟悉了这一领域的知识体系。

汉字学实体知识指的是如何解释汉字学关键概念和内容的方法性知识。语文教师掌握汉字学知识的解释性框架，就可以用一定的方式帮助学生理解和学习汉字的相关知识。例如，汉字属性是汉字学知识的重要组成部分，其中利用传统六书分析汉字是汉字属性常用的分析框架。在某些汉字教学中，语文教师利用字理识字方式进行教学，就是借助了汉字属性的分析框架。很多汉字教学方法就是根据汉字学分析框架建立起来的。目前中小学汉字教学中，关于写字的实体知识较为薄弱，很多写字能力的方法性知识并没有进入语文课程建构视野，很多语文教师接触这些知识机会较少，所以目前的写字教学还是以训练为主。其实书法教学领域的很多方法性知识可以成为语文教师汉字学实体知识的重要组成，但是由于语文教师解释汉字的方法性知识主要来自中文专业汉字学学术知识体系，而书法属于艺术学体系，所以写字的方法性知识在语文教师身上体现较少，这在一定程度上影响了当代语文汉字教学的有效性。

汉字学句法知识指对汉字学认识的合理性解释。在学术研究领域一些关于汉字研究的学识的合理性要靠汉字学句法知识检验，语文教师的汉字学句法知识主要表现为汉字知识解释的合理性。例如，在使用字理识字的过程中，语文教师为了教学其实使用“错误”的解释性语言，最为典型的就是关于“福”“辛”等字的解释。有的教师将“福”字解释为“一个人有衣服穿，有一口吃的，有田种就是幸福”，将“辛”解释为“站立在小的物体上很辛苦”。这些解释本是牵强附会，根源在于缺乏汉字学的句法知识。汉字探究性教学效果的保证需要语文教师具备很好的汉字学句法知识，不然无法对学生汉字知识探究的合理性做出准确的判断。再例如，中小学语文教师对笔顺教学的价值判断其实是模糊的，面对很多学生的提问以及对笔顺在学生汉字素养发展方面的解释也乏力。在规范的现代汉字学体系中，每个汉字的笔顺都是确定的，所以在学生写作的过程中也要求学生的书写遵循一定的笔顺。但事实上，笔顺属于印刷体层面的外在要求，在写作教学尤其是书法教学以“帖体”为核心建构的笔顺系统更符合自然书写的现实。从这个视角看，其实笔顺对认识汉字的意义大于对写字教学的意义，写字教学甚至可以不受笔顺的约束。实体知识和句法知识是语文学科知识中的方法性知识。

对汉字学知识的认识。这种知识基于以上三种知识，是对汉字学知识的元认知。它会影响教师的汉字教学理念，一般在专家型语文教师身上表现得较为突出。

在语文教学学科知识体系中，汉字学知识结构应该是相对确定的，而其他范畴的学科知识在自主性、多样性方面就表现得突出了。不同语文教师在学科知识的丰富性、结构化和深刻性方面会有差异。本研究在语文教师文本解读知识的研究过程中，围绕语文教师文本解读知识建构详细论述过相关问题，这里就不做更详细阐述。以下所论述的语文教师课程知识、语文教师教学法知识、关于语文学习的知识、情境知识均是语文教师的语文学科知识和一般教育学知识相融合转化而来。

（二）语文教师学科教学知识构成要素

1. 语文课程知识

语文课程知识是教师课程知识在语文教师身上的具体表现，包括关于语文教学终极目的、课程内容目标和内容体系，以及课程评价的知识，具体包括以下方面。

（1）语文教学目的观

虽然我国有语文课程标准对课程相关要素做了规定，但是这些国家课程辗转到语文教师课堂教学实施的层面，受语文教师所处的情境、考试文化和自身学习特征的影响，语文教师其实会形成个性化的教学目的观念。这些教学观念才是语文教师指导自己教学的“使用理论”。

本研究在语文特级教师的个案研究中，通过课例分析和专家教师成长回忆录分析，专家型教师一般都有自己个性化的教学目的观。较为著名的有于漪的教文育人观、钱梦龙的言语训练观、李镇西的语文民主教育观、王崧舟的文本细读观等。还有一些观念在语文教育领域也较为流行，例如言语智能培养观、文化传承观、思维训练观等。

越是传统的教学组织情境，语文教学目的观往往更为鲜明。本研究在一所九年一贯的重点义务教育学校进行的跟踪研究中发现，这所学校的教学目的较为鲜明，就是以文体特征为中心的读写训练，语文教师的学科知识建构和教学指向均体现出鲜明的围绕文体特征进行教学的传统。在对该学校初一语文教研组长的个案研究中发现，这位老师的教材分析、教学设计和教学实施均要体现文体特点。在其引领下，整个年级语文组的教师学科知识储备和学科教学知识的建构都有以文体知识为核心的倾向。本研究在对内蒙古牧区一所寄宿制学校一位语文教师的访谈中进一步验证了这一结论。这位语文教师的教学目的观是让学生喜欢上语文，在这一目的观的引领下，其构建了兴趣导向的语文课程内容体系。形成这种语文教学目的观的原因有两方面，一方面是受到教学情境的影响，尤其受到学情的影响，因为她所教的学生主要来自边疆牧区，大多数学生上了初中还不会汉语拼音，语文学习积极性不高，而且随时都有放弃学业和辍学的风险；另一方面，这位语文教师坦言，受到成都的语文特级教师李镇西的影响。所以这位老师的教学目的就是通过语文教学让学生喜欢上语文，让学生能留在学校继续读书。

通过对这些现象的归纳，本研究认为语文教育不能够抽离语文教师这一核心要素空谈课程建构和教学实施。语文教育应该关注语文教师的教学生活世界，关注他们观念形成的情境，从语文教师的视角用心理解他们的课程处境。

语文教学目的观是语文教师课程知识的组成部分，并影响语文教师的相关知识建构。上文例子中的寄宿制学校教师学科知识本身的深度和广度建构水平并不突出，但是这位语文教师在学科知识与教学法知识的融合性建构水平较高，其学科教学知识建构指向鲜明，就是要将学生“留”在课堂，所以教学方法一定要丰富，课堂氛围一定要活跃，语文学科知识的表征形态一定要具有吸引力，语文教师学科教学知识建构的焦点在教学法方面。除此之外，这位教师在语文学科知识储备方面，倾向于收集能对学生实施教育影响的“素材”，使自己的课堂教学具有教育性，让学生喜欢上语文课，因为喜欢语文教师而喜欢语文课。这些鲜活的例证表明，语文教师教学目的观作为一种驱动性认识，影响着语文教师学科教学知识的系统建构。

（2）语文课程政策知识

本研究将我国语文课程标准中的课程理念、课程目标与内容、课程实施建议、课程评价建议等知识，以及地方性的语文课程实施过程中出台的与语文课程实施相关的知识，对语文教师产生影响后成为语文教师知识体系中一部分的知识称为语文课程政策知识。

有的语文教师对国家课程理解较好，可以将课程政策真正落实到自己的教学中。但是本研究也发现，语文教师对各种语文课程政策理解并不相同。国家、地方或者学校出台的语文课程政策，到了语文教师学习和理解的层面，并不会或者并不能完全被接受，或者产生理解方面的偏差。本研究在调查中发现，有的学校语文学科组整体对语文课程标准的理解就是不对的，有的是对当地教研系统或者学校对语文课程标准理解的机械执行。例如，一所学校推行“语文合作学习方式”课程标准一直强调的新课程理念，但是语文教师认为语文合作学习就是将学生分组之后一起完成一个任务，而不顾语文合作学习开展的其他条件。这是一所重点学校，开始本不想做合作学习，但是因为学校的硬性要求，语文教研组不得不做，在具体的课程制度执行中，本研究发现这所学校几乎所有语文教师只在字词教学中采用“合作学习”，让大家分组查工具书，完成字词的理解。事实上这些任务的完成并不需要合作，实际的教学效果是组内只有一两个学生在查阅工具书完成几个字词的注释摘抄，其他学生都是旁观者。在访谈中发现，有的老师对合作学习的理解是片面的，而有的老师则坦诚地承认自己对语文合作学习并不了解，大家都这样做，自己也就跟着做了。可见，即使课程制度的颁布是刚性的，在具体的课程实施和语文教师所理解的课程政策层面，刚性制度的理想和实施现实方面往往也有区别。改变这种局面是一项系统工程，关键在语文教师这一环节。

但是通过各种途径，制度层面的课程知识仍然成为语文教师学科教学知识的一部分，这一点是毋庸置疑的。

（3）语文教材知识

语文教材知识是语文教师构建课程知识的重要载体，制度性的语文课程理念、目标、内容和评价等以语文教科书为媒介对语文教师的影响最为直接，语文教师的学科教学知识往往也是以语文教科书为载体进行构建的。

在本研究的访谈过程中，有经验的语文教师会根据教科书的单元结构、知识体系结构、练习系统结构和助读系统去组织自己的知识，使其具有序列性和组织性，但是语文新手教师用孤立知识点或者单篇文章知识集的方式组织自己的知识体系。成熟的语文教师更懂教科书编制者的意图，并且能够布局自己的语文学科知识以适应不同层级课程建设，而新手教师主要以单篇课文为基点充实自己的语文学科知识，较少上升到课程思维层面思考语文教科书编制的用意。在日常备课的表现中，专家型语文教师在一篇课文或者在一个课时中往往有重点地实现课文最突出的教学价值，而新手教师却缺乏规划。这在侧面反映出不同专业发展阶段语文教师教材知识的差异。但是，语文教材知识一定是语文教师课程知识的重要组成部分。

2. 语文教师教学法知识

本研究将语文教师教学法知识定义为语文教师拥有的对学生语文学习产生积极影响的行为或行为系统的认识成果。语文教师教学法知识与语文教师学科教学知识直接相关，所以往往表现出语文学科属性。舒尔曼最初对学科教学知识的阐述中认为，教师学科教学知识和一般学术形态的知识的区别之一就是表征方式不一样，当语文学科知识与教学法知识融合后就以一种易于学生理解的方式出现，舒尔曼认为可以用类比、比喻、举例、示范、模拟等方式呈现学科知识。教师的学科知识与教育学知识融合后，语文教师学科教学法知识可以分为以下几类。

（1）呈现语文材料的知识

语文教师拥有的将文本内容、概念性知识、结论性观点用一定的方式呈现给学生的知识。这里，以于漪老师用板书呈现《变色龙》课文内容为例进行阐述。于漪老师在《变色龙》这一课的文本解读教学时利用板书来表征奥楚蔑洛夫的变与不变，“不变的本质”用直线表示，“变的现象”用曲线来表示。（见图 4）于漪想表达的文章中心思想是奥楚蔑洛夫“变化的现象”是由他“不变的本质”决定的。教学结果显示，通过板书的形式将抽象的问题具象化，使学生很好地理解了文章，最后还激发学生对板书提出了异议，认为奥楚蔑洛夫的变化波峰和波长不是等距的，因为其变化的频率和每一次的态度都不一样。[①]可见，于漪的学科知识因为和教学法知识融合，形成语文学科特色的教学法知识，以易于学生理解的方式出现，这就是知识呈现方式的变化决定了这种改变。于漪老师想要呈现的是课程内容和思想，采用的方式是板书设计和讲解相结合，板书设计的艺术性体现了语文学科知识与教学法知识的深度融合，达到了很好的教学效果。这一板书设计成为语文教育史上的经典。本研究在中小学课堂观察中也能发现，语文教师呈现课文内容方面的教学法知识，也属于呈现语文材料的知识。

① 于漪. 于漪与语文教育教学求索[M]. 北京：北京师范大学出版社，2006：163-189.

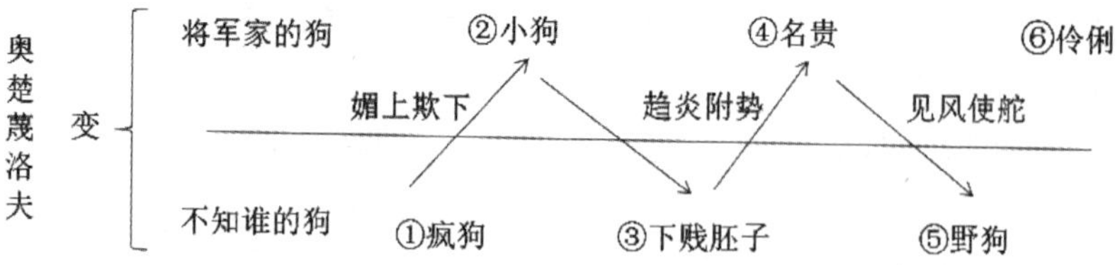

图 4　于漪呈现《变色龙》课文内容和主题的板书

本研究在一所中学听一位老师讲过一节《看云识天气》，这节课老师的教学重点是梳理文章的结构，这篇课文中第 2 至 5 自然段与第 6 自然段并列为文章的“总分总结构”中的分说部分，而其中第 2 自然段又统摄 3 至 5 自然段。这样的结构对于所教初一年级的学生来说算是比较难的，因为该班级学生基础不算很好。这位老师就用了隐喻的表达方式，她将第 2 和第 6 段比作组长，但是第 2 自然段有组员，而第 6 段是没有组员的“光杆儿”组长。这样，学生们不只理解了文章的结构，还找出了“班长”是什么，并且将第 1 自然段命名为正班长，而最后一个自然段命名为副班长。这样语文教师就帮助学生梳理了文章的结构。一般的语文教师可能通过列提纲的方式呈现文章内容，但是这位老师因为具备更丰富的语文学科内容呈现方式，所以教学效果更好。

语文教师的教学法知识可以通过教学行为表现出来。所以，近来王荣生及其研究团队倡导通过深度课例分析提炼语文教师的学科教学知识，取得了较为优质的研究成果，课例研究成为我国语文学科教学知识研究的新思路。但是，这里需要提醒一点，使用课例研究进行相关研究过程中一定要明确语文学科教学知识的实践属性，语文学科教学知识是语文教师个体认知资源的重要组成，而不是共同性的知识形体，对提炼出的学科教学知识形态的普适性价值一定要做审慎的评估。

（2）解释语文原理的知识

语文学科知识中除了静态的内容和结论性知识，还包括很多学科知识中的实体性知识，表现为大量的语文原理、语文方法、语文策略。这些语文学科知识的教学就需要语文教师使用相应的解释性的语文学科教学法知识。在语文学科知识中有很多原理性知识，例如，诗歌鉴赏中的“知人论世”；也有很多语文方法，例如，在阅读中建立论说类文本观点和材料之间联系的方法；也有很多语文策略，例如，学习新文体写作时模仿策略的使用。这些知识形态知识如果只进行概念分析对学生语文素养发展的影响是有限的，语文教师需要具备解释语文原理的知识，使学生从“为什么”“怎么用”“运用价值”等视角真正产生这些知识的深度学习，让其转化为学生指导自己语文实践活动的规则系统。本研究在课堂观察中发现，语文教师很多时候可以表现出具备解释语文原理的知识。如，文言文教学中对“使动用法现象”的判定就是一个语文原理的教学，从知识呈现的视角很难帮助学生理解掌握这个原理。本研究在大量的教学观察中发现，大多数老师采用演绎和归纳两种方式帮助学生解决这一问题。演绎的教学策略就是从使动用法的条件、作用、表现等判断的理论讲解出发，然后举例帮助学生解释这一语言使用方法的具体运用，达到帮助学生掌握判断词类活用方法的原则；归纳的方式就是先给学生很多例子，之后总结其中的判断使用用法的原理。当然本研究在教学中也发现老师用其他方式解释词类活用，例如，一位语文教师教授词类活用这一知识点的时候并不是从概念出发，而是通过学生熟悉的现代汉语中的词类活用现象，如“轻装上阵”“干杯”“甲队打败乙队”等，掌握使动用法的原理，之后将这种原理迁移到文言文语境中。这些例子中，语文教师使用的教学法知识就是解释语文原理的知识，这种知识和呈现语文知识的教学法知识不同。从这些例子可以看出，语文教师面对同一个语文原理，可能用不同的教学法知识去处理，但是都具有语文学科属性。当然，这里不可否定的是，不同的与语文学科知识深度融合的教学法知识之间的水平也是有差异的，而且这些知识中有些普适性和迁移性较强，但是有些知识的被复制性较弱。

实践性是语文课程的属性之一，在实践情境中帮助学生发展语文核心素养，进而提升实践问题解决能力是语文课程要达到的基本目的。语文教师呈现性教学法知识和解释语文原理的教学法知识主要适用于直接的知识教学。除了这些知识，语文教师还要有帮助学生在语文实践中自己建构知识，解决实践问题素养的教学法知识，包括设置语文问题的知识、组织语文活动的知识、营造语文情境的知识、布置语文任务的知识等。

（3）解读语文话题的知识

在语文教师学科知识体系中，有一种特殊的知识叫作话题知识。在很长一段时间内，对语文教学内容的研究其实反映出语文教育研究领域对语文学科知识的划分。进入 21 世纪之后，语文教育研究领域关于语文教学内容的就有言语形式论、“定篇、样例、用件”论、知识、能力和活动论等等。教学内容观的形成根源其实是语文学科知识观，其中对语文学科知识体系确定的内容意见还是相对统一的，语文教学内容中依托课文文本解读获取的知识，尤其是其中文学文本中解读出的知识的不确定性，使教学内容也表现出了不确定性。这些知识在语文教育领域，很难划归到原有的语文基础知识体系中，所以有学者将其命名为话题知识。这些话题知识往往不是抽象的语言文学知识，是对单篇或者一组课文进行微观解读出的知识，它们往往围绕特别具体的主题、作者、语文知识点、语文能力点、语文学习方式、语文活动方式，与具体课文的融合度极高，与一般的中国语言文学知识不同，也不是抽象的原理，语文教师主要通过解读的方式进行此类知识的教学。针对话题类语文学科知识的教学，高晶、王从华等人做了一定的研究。王从华通过课例分析的方式，分析了两位特级教师话题学科教学知识（PCK）的特点，如表 8 所示。

表 8 专家型教师话题 PCK 示意表

课题	学科教学知识			
	学科 PCK	话题 PCKI	话题 PCKII	话题 PCKIII
《荔枝蜜》（导读的艺术[M]. 北京：人民教育出版社，1995.）	语文“就是对学生进行本民族语的教育”，“就是通过读、写、听、说的训练，培养学生理解和运用祖国语言文字的能力”	学生通过对范文语言的诵读、品味、贯析，生成语感，积累语料，学习民族语丰富的表现力；与此同时，受到范文语言所蕴含的思想、情感、情操的熏陶感染	引导学生理清思路，识文眼，品味关键语句	结合上下文指导学生理解文中的生词，抓住关键句子，理清杨朔散文《荔枝蜜》的思路；指导学生通过讨论形式“识文眼”，理解作者情怀；指导学生抓住关键语句，欣赏品味精准的语言表达
《背影》（《背影》课堂实录[J]. 语文教学通讯（B 刊），2015，(4)）	对学生进行生命教育和语言训练		让学生理解关键词句，领悟文章的主题。	指导学生正确朗读并理解词语，通过筛选信息、品味相关语句，运用拆字法和互文解读法，让学生理解并体验《背影》的主题“写生与死，慨叹生命的脆弱、短暂与虚幻”

与以上研究者不同，本研究只是将解读话题的知识作为语文教

师学科教学知识的一部分，而不将这一知识形态视为一种独立的语文学科知识。在现实的语文教学中，确实有一部分语文学科知识具有与话题联系的紧密性，话题载体是这一类知识存在的前提条件。因为语文教科书在编制过程中保留了很多经典的课文，所以中小学语文学科知识体系中有相对稳定的话题性语文学科知识形态。但是，由于话题性语文学科知识必然加入文本解读者的二次加工，所以在语文学科知识体系中这一类知识实际上最庞杂，确定性最低。因此，解读话题的教学法知识相对而言实践性更强，本研究认为这是语文教学内容不确定的重要原因。

（4）组织学习活动的知识

本研究探讨的学习活动专指语文学习活动，认同语文学习活动是学生在语文教师指导下为获取言语经验和提高语言文字运用能力而展开的系列性行为过程。语文学习活动与听、说、读、写等语文活动密切联系，但是性质不同。语文教师在教学中组织的是语文学习活动而不是语文活动。学生在语文学习活动中内化语文知识，学会运用语文原理，发展语文素养，语文教师组织语文学习活动的知识是语文教师学科教学知识的重要组成部分。通过语文教师组织语文学习活动的现象，有学者将语文学习活动分为：阅读文本的学习活动系统，包括诵读、朗读、复述、质疑、讨论、批注等；积累梳理探究学习活动系统，包括语言知识积累梳理探究、文化知识积累梳理探究、文学常识积累梳理探究、学习方法探究、学习经验总结和分享等；表达交流系列学习活动，包括社会调查、采访、文化考察、课本剧编排演、曲艺、电子作品制作等。这个框架是对现在多样化的语文活动的分类归纳，基本上也代表了语文教师组织语文教学活动的任务型知识结构。

本研究在在职语文教育硕士培养和国培计划中发现，语文教师在语文学习活动组织知识方面较为欠缺。例如，在初中和高中课程的表达交流模块都设置了社会调查，但是本研究通过访谈得知，被访谈教师真正对社会调查这一语文活动的本体性进行主动认知的几乎没有，对社会调查与培养学生语文素养之间的关系认识也较为模糊，对社会调查的操作性知识和实践素养更是不足，由此反映出基于社会调查的语文学习活动组织知识也是欠缺的。语文教师组织语文学习活动的知识与本身语文活动素养密不可分，在具体的语文调研中发现，语文教师如果在语文活动方面有专长，就可能将相关的语文学习活动组织得更好。一位语文教师的教学理念中认为朗读对学生语文素养的发展有重要意义，自己也勇于钻研朗读，在语文教学中也常常组织一些与朗读相关的活动。有的教师善于演讲，在语文学习活动中组织演讲常常是具体的方式。当然，语文学习活动的开展和学校文化氛围相关，有的学校就有开展某一语文学习活动的传统，在学校从教的语文教师就需要具备相应的教学知识，以融入相应的教学文化。

（5）营造语文情境的知识

当前情境教学越来越为广大教师所接受，随着具身认知理论的发展，语文情境教学也在理论和实践中得到了进化。在中国实施语文情境教学的教师中，李吉林老师是代表，她的知识结构可以代表语文教师实施情境教学教学法知识。李吉林老师在《为儿童快乐学习的情境教学》一文中探讨了自己对情境教学的认识，分别就小学汉字教学、作文教学和阅读教学探讨了情境教学的具体方式。在阅读教学中李吉林老师归纳了包括以图画再现情景、以音乐渲染情境、以表演体会情境、以语言描绘情境、以语言展现情境、以实物演示情境等六种教学方法。①这些教学方法代表了语文教师情境教学法知识。当然，这里需要强调的是，本研究的观点是，语文特级教师身上具有这样的知识特征，并不是说其他语文教师学习了这些方法就能实施有效的情境教学。本研究在整个研究中一再阐明，教学方法知识一定需要与自身的学科知识相融合，并且指向具体情境中的学生才能达到相应的效果，也就是说语文教师的学科教学知识具有

① 李吉林. 为儿童快乐学习的情境教学[J]. 课程·教材·教法，2013（2）：3-9.

实践性知识的属性。

营造语文情境的教学法知识往往与其他教学法知识相融合使用，本身要实现的价值才能与学科教学知识教学相融合。优质的语文教师营造语文情境的教学法知识学科属性很强，有的语文教师情境营造缺乏语文学科属性。

（6）布置语文任务的知识

新一轮的高中语文课程改革设置了十八个学习任务群，强调“以任务为导向，以学习项目为载体，整合学习情境、学习内容、学习方法和学习资源、引导学生在运用语言的过程中提升语文素养。”① 这意味着，高中语文教师需要围绕学习任务群的教学构建自己的学科知识和学科教学知识，教学法知识也要随着发展，其中较为重要的教学法知识就是布置语文任务的知识。其实，在最新的普通高中语文课程标准颁布之前，语文教师已经开始进行专题教学，其中就涉及任务的布置，而且即使没有实施专题教学，老师也以语文学习任务为载体帮助学生提升语文素养。本研究以一位较早实施专题教学的特级教师的任务布置为例，阐释布置语文任务教学法知识。深圳市的特级教师吴泓在他的文章《学习的本质：“教不是学”》中谈了自己的专题教学经验，其中举了一个例子反映了吴泓拥有优质的语文任务布置的知识。现将例子呈现如下：

> 用表格梳理《论语》中涉及孔子和弟子“周游列国”的章节。要求：①阅读并今译这些章节。②分清“外围”信息和“核心”信息。如孔子师徒团队到达卫国，与蘧伯玉、公叔文子、王孙贾等卫国大夫接触是“外围”信息；与卫灵公及夫人南子接触是“核心”信息。③运用想象、假设、联想、预测、模拟、实验等方法，推断孔子和弟子“周游列国”时的现实情境或场景，并思考“周游列国”这一事件的重大意义与深远影响。

---

① 中华人民共和国教育部. 普通高中语文课程标准（2017 年版）[S]. 北京：人民教育出版社，2018：8-9.

吴泓在这里布置了三个具有结构性的任务，第一个任务和第二个任务是梳理章节中关于孔子及其弟子周游列国的内容，目的就是将自己平时的知识积累通过一个任务布置转为学生的学习活动，让学生在阅读活动中进行筛选、归纳、梳理和呈现。但是吴泓老师认为，这只是学生学习活动的第一步，完成这个任务只能说学生获取了文章中信息类的内容，还没有上升到对《论语》中所蕴含精神的熔铸和消化，还没有形成自己的“个体认知、内在力量和精神财富”。[①]所以吴泓第三个任务的布置，通过一定教学引导，将自己对论语的认识转化为学生使用“想象、假设、联想、预测、模拟、实验等方法”探究负载在《论语》众人言行中的精神品质，并将这些品质内化为学生自己精神世界的一部分。在整个例谈中，可以看出吴泓对《论语》本身的研究功力，以及对《论语》相关研究文献的掌握水平，更展现出一名优秀语文教师将自己的所知通过高质量的任务布置转化为学生语文学习活动的教学水平。

高中语文课程改革与其说是对高中生提出了挑战，不如说是给高中语文教师提出了挑战。在以任务群为中心构建课程体系的背景下，语文教师需要围绕任务群构建与单篇文章时代全然不同的学科知识结构，因而也会带来语文学科教学知识的变局。

3. 语文教师关于学生语文学习的知识

语文教师关于学生语文学习的知识应该包括理论和实践两个层面，理论知识包括一般的学习心理学知识和语文学习心理学知识，这些知识属于语文学习方面的普适性的知识；实践层面的学生语文学习知识专指语文教师拥有的在具体教学情境中，学生学习特定语文课程内容时的整体学习状态方面的知识，即学生学习具体的语文学科内容的知识。这里研究的知识主要指的是后者，因为在教学中语文教师普适性的学习心理知识也需要转化为实践形态的学生语文

① 吴泓. 学习的本质：“教不是学”——例说专题学习或“整本书阅读”教学的“两次转换”[J]. 语文教学通讯，2019（11）：12-16.

学习知识才能实现语文学科教学价值，这种转化之后的知识才是语文教师学科教学知识的组成部分。语文教师关于学生语文学习的知识应有以下几种。

（1）关于学生语文学习基础的知识

语文教师拥有的关于学生语文学习基础的知识指的是对学生特定课程内容已有水平的认知。有经验的教师整体上表现出很高的水平，而新手教师在这方面的表现和有经验教师相比有差距。

本研究在关于语文教师文本解读教学的已有研究中，对有经验教师和新手教师同一篇课文教学的学情分析进行过调研。其中大多数新手教师表现出忽视和不能了解学生现有知识水平的情况，一些新手教师虽然有重视学生文本解读基础的意识，但是在具体的教学中并不能做到精确把握学生已有的语文学习水平，对学生基础认识比较模糊，只有个别的新手教师表现出对学生学习基础较高的认识水平。

调查中，有经验教师十分重视学生原有的语文学习基础，例如他们对学生的语文学习会有这样的话语："我一般接到班的时候，先了解学生再去读课文，按照学生的基础和他们的能力水平，我再想办法帮助他们，否则我给他讲太多或者太深入，他理解不了，所以从学生实际出发，必须重新读课文，如果我一直按照原来的方法教，那收获就不行。"也有教师从其他角度谈自己对学生学习水平掌握的程度，如："根据班级学生的学习情况，自己设计出来的题，才能在本班达到最好的效果。"有的教师会从自己的视角推测学生的学习水平，例如："读的时候就想着学生，我就想这个地方我还拿不准，学生一定也是难点，这就是教学中的难点。每次读的时候，就是我们要求的备教材和备学生，自己觉得拿不下的地方就是学生难的地方，那你如何帮助学生理解，把它拿下来，这就是备学生了。"由此可见，达到一定专业发展水平的教师，通常会结合特定的课程内容，思考学生在该内容学习方面的特征，为教学开展打基础。

调查中，新手教师普遍表现出在了解学生语文学习基础方面的困难。例如，当谈到是否会根据学生的学习基础进行课文解读教学时，有的新手教师的回答明显反映出了自己的知识水平，如这样的话语表述:“就把大学学的东西往初中的孩子身上放”;“你上过大学，学生没有上过大学，你的文本解读能力比学生强，可能你就主观上认为学生就可以理解到这个程度了”;“我在教《紫藤萝瀑布》的时候没想到学生理解不了”。有的新手教师虽然对学生学习基础知识有一定程度的了解，但是准确性还有待提高。例如，有的新手教师这样表述:“那些学案上也没有涉及的，可能是自己课前也没有考虑到的，那就需要靠自己的水平和处理方法了，有的可能课上还处理不了，就要通过课下的学习去进一步处理了。”本研究访谈中，有的有经验教师也存在忽视学生文本解读理解的情况，例如:“学生对这篇课文有什么理解，这个上课之前先应该问问学生，你对这篇课文感兴趣在什么地方，你的疑问是什么，（对这些我）不问，我从来不问。”但这是个别现象。从整体上看，有经验的教师对学生文本解读基础和思维特点的理解水平明显强于新手教师。

（2）关于学生语文学习路径的知识

语文教师既要知道学生的学习基础和学习障碍，还要指导如何让学生突破困难达到一定的学习程度。在上文中，本研究提到的深圳市特级教师吴泓老师的例子，既可以作为特级教师布置任务教学法的典型，同时也可以看出吴泓老师特别懂得学生阅读整本书的学习心理。我们继续来看前文引用的用表格梳理《论语》中涉及孔子和弟子“周游列国”的章节这个例子。

吴泓在这里布置了三个具有结构性的任务，每一个任务对应着一个学习路径和要实现的学习目标，吴泓将自己掌握的学科知识转化为学生路径的知识。第一个任务中，吴泓知道学生必须要阅读文本，掌握文本信息，才能完成后面的更高端的学习任务，完成第一个任务和第二个任务是完成第三个任务的必要路径。但是完成第三个任务也是有难度的，所以吴泓在任务布置的时候就为学生提供了学习方法，这些方法就是完成第三个任务的路径，即“想象、假设、联想、预测、模拟、实验等”。语文教师关于学生学习路径的知识对教学法知识的生成与发展意义重大。

（3）关于学生语文学习潜力的知识

语文教师拥有对学生语文学习潜力的知识，可以尽可能帮助学生获得语文素养的发展，给学生未来的发展以较为准确的定位。培养语文核心素养是当前语文教育的主流，其中提出了语文深度学习的问题，研究深度学习和学习的限度都应该是我们语文教育及语文教育研究应该考虑的问题。这就需要语文教师在具体的教学实施中准确把握特定知识学习的最近发展区。近几年语文教育领域兴起了各个学段语文深度学习的研究，很多语文教师也参与了语文深度学习的探究和教学实验。本研究不从本体论的角度对语文深度学习进行探究，只是想阐明语文教师指导学生可以发展到什么境界，该问题也至关重要。当然这和语文教师本身的语文素养密不可分。这里，通过分析一个课例来看语文教师具备关于学生语文学习潜力知识的意义。一位语文教师在观察三年级小学生的语文学习时发现，这些学生对文体知识的表征需要借助课文内容，例如，如果老师帮助学生理解说明文是用“总分总”等术语，学生就会表现出无感，但是语文教师用具体的文章，比如《鲸》这篇课文从形体、进化、种类、习性等部分分别说明“鲸”，学生是可以听得懂的。另外，这位语文教师通过观察看出，学生较少建立语文知识之间的关系，而语文知识结构往往又是通过概念体系构建起来的，如果用说明文的概念结构图帮助学生建立知识体系一定是不现实的，但是如果依据课文内容帮助学生建立一个“感性”说明文知识思维结构图应该是可行的。基于自己的预期，该教师设计了教学活动帮助学生画一个说明文结构思维导图（见图 5）。最后，通过学生的作品证明自己的判断是准确的。从整个教学思路看，该语文教师应该具备关于学生基础的知识，也具备对学生潜力的认知，两点相结合确定了具体的教学目标和内容。

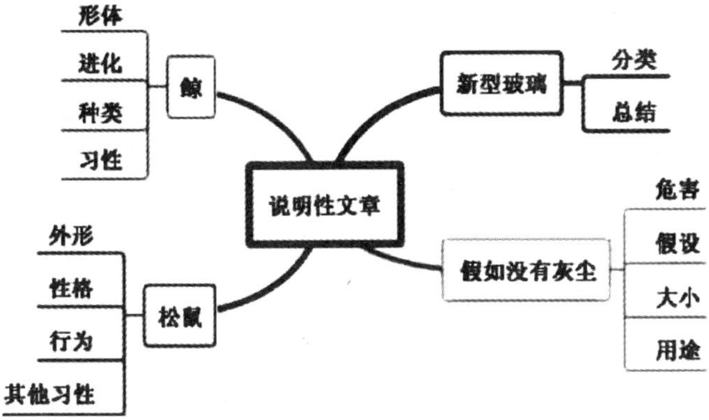

图5　三年级小学生说明文单元总结思维结构图

本研究所列的几种语文教师具备的语文学科教学知识表现出融合关系。本研究的语文学科教学知识能力结构，尽量突出语文学科属性，并且从一个理想化的角度提出了对语文教师学科教学知识的要求。但是在具体的情境中，不同发展阶段的语文教师在这些知识方面的表现应该是不同的，甚至有的教师在某些要素点上是缺乏的。

（三）语文学科知识和语文学科教学知识的关系

从语文学科教学知识的概念分析中可以看出，语文教师学科教学知识是具体的最有利于教学的语文学科知识，语文学科教学知识区别于一般教学法中的课堂管理、教学组织和教学评价等知识；语文学科教学知识是语文教师在具体的语文教学活动中将自己的语文学科知识转化为学生容易理解的语文学科知识，因而与语文学科知识本身是不同的；语文学科教学知识是植根于语文教学实践的多种知识的整合，是语文教师教学能力的重要表现。也就是说，语文学科教学知识来源于语文学科知识和教学法知识，但又不是二者的简单相加，而是二者融合成的合金性知识。

反过来看，语文教师学科教学知识的发展同样会促进语文教师学科知识的发展。语文教师学科教学知识是多种知识的整合，并在其教学实践进程中获得发展。随着语文教师学科教学知识的发展，语文教师会不断地总结经验，不断对自己所教的语文学科知识进行回顾和审视，获得对语文学科知识的进一步认识，从而提高自身的语文学科知识水平。从这个意义上说，语文教师的语文学科知识和语文学科教学知识是相互影响和相互促进的关系。

本文以目前流行的语文专题教学为例，呈现语文教师实施专题教学的学科知识和学科教学知识特征，作为一个综合的示例，进一步阐释本研究秉承的理念。

在高中课程结构改革的大背景下，专题学习作为具有语文学科特色的模块课程形态成为当下高中语文课程改革的一种追求。语文专题学习源于像深圳新安中学吴泓老师这样一批“反思性实践家”的教学经验总结，北京师范大学附校合作平台将这一成果逐步理论化，并且在全国进行试验。目前，高中语文课程改革倡导的教学形态就是专题教学。

由于语文模块课程专题学习从课程到教学与传统的单元教学和单篇教学有很多不同之处，所以，要实施专题教学，语文教师需要建构与之相适应的学科知识和教学知识结构。在语文专题学习视域下的教师教育中，需要照顾到这种知识结构的变化，并对这种知识结构特征及如何发展进行揭示，以推进语文专题学习视域下语文教师教学的有效性。

学科教师的知识特点主要表现在教师的学科知识和学科教学知识方面。在理论上，语文教师作为一种学科门类内的教师群体应该具有相同的语文知识结构。但是，由于学校语文知识与其他学科知识不同的特征，语文教师具有的学科知识形态在不同的课程理念下也有不同的特点。那么语文教师植根于学科知识的语文教学知识也会表现出不同特征。本研究对专题学习课型下高中语文教师（本文统称为语文专题教师）的学科知识和学科教学知识特征进行探讨，对语文教师实施专题教学所需知识的归纳基于对吴泓老师的课堂教学观察和访谈、对参加专题学习培训的专题教学“新手教师”访谈和相关学者的研究。

1. 教师实施专题教学语文学科知识方面的特征

（1）言语知识和文学知识相融合的知识特征

结构主义语言学的创始人索绪尔确切地阐明了语言与言语的区别。“语言是一种表达观念的符号系统……”“言语却是个人的意志和智能的行为……”[①]索绪尔从语言理论研究的角度出发，认为对语言符号的研究最重要。可是从语言应用、语言教学的角度讲，研究的恰恰是言语。一切言语教育学科都属于言语学，而并非属于语言学。认识这一点，就能了解言语行为是运用“个人的意志与智能”进行创造的活动。言语教育的根基在于培育“意志与智能”。

文学是语言艺术，文学作品的语言比一般的民族共同语更富有审美价值。优秀的文学作品艺术地反映了一定时代的现实生活和真善美的人性，是社会的人文意识的集中再现。古今中外都重视文学教育，甚至将文学置于“显学”的地位。在基础教育阶段，只有语文学科进行文学教育，文学教育是语文学科的责任。

专题教学体现了语文教育的本质特征，一切指向学生的语文素养，重在培育学生的听说读写能力和文学探究能力，而且将二者紧密结合。语文专题教师需要很高的言语知识素养和文学知识素养，并且言语知识和文学知识在实施专题教学语文教师那里有特殊的存在形态。语文教育领域的言语知识包括言语观念知识、言语思维知识、关于言语学习的知识和对言语教育有特殊意义的语言知识。文学知识包括必要的文学常识和进行文学阅读、文学探究的知识。相对于一般的文学常识，成熟的语文专题教师更重视文学阅读和文学探究性学识，他们认为中学生很容易掌握一般的文学常识，文学阅读和探究性学识才应该是课堂教学的重点。如果说一般的语文教师也需要具备言语知识和文学知识的话，那么对实施专题教学的语文教师而言，言语知识和文学知识的存在特征是二者融为一体。实施

---

① 索绪尔. 普通语言学教程[M]. 北京：商务印书馆，1980：37。

专题教学的语文教师的文学探究性知识中渗透着言语知识，在言语知识的丰富和发展中提升文学探究性知识修养。这就可以解释，为什么成功的语文专题学习课堂上探讨的大都是文学问题，而学生们的听说读写能力也都能获得全面发展。这与实施专题教学的语文教师的学科知识结构有密切关系。

语文教师实施专题教学更注重言语知识和文学知识的积累，并在积累的过程中进行二次加工，使之转化为二者互相促进的形态，以供实施语文专题教学所用。所以实施专题教学的语文教师非常辛苦。他们首先自己要看很多的文学作品，还要查阅、收集、筛选大量的相关文学作品研究文章。这样他们自己建立了关于专题的文学探究知识和言语能力生成的知识形态，之后他们还要结合学生言语能力发展特征和文学作品的阅读和探究，整合成一种特殊的“学生通过文学阅读和探究生成言语素养，通过言语能力的提升促进文学素养的发展”的语文知识结构。

（2）依托语文专题材料进行语文学科知识的表征

语言知识是抽象的，但是言语知识和文学知识是负载在具体“文本情境”上的具体知识，需要一定的文本材料作为载体进行表征。单元教学形态下，语文教师的言语知识和文学知识主要以课文和课文系统为载体进行“编织”，而在专题教学下语文教师要通过专题材料去表征自己的语文学科知识。当然，语文教师自己研究的材料和给学生的材料都是人类文明史上的经典，必须保证很高的文化和文学格调，这样才能给予学生高贵的精神载体。所以，实施专题教学的语文教师给学生专题学习材料的契合实质上是语文教师依附在专题材料上的语文学科知识的契合的反映。实施专题教学的语文教师的言语知识和语言知识要以语文专题材料为载体去表征，但这些专题材料的契合不是自然无序的，而是围绕一定的主线进行的。这里的主线是学生潜在语文思维发展过程的导引，这个导引过程的具体表现形态可以是语文理念、任务、问题、能力或者知识。

以专题材料为载体表征语文学科知识目前好像更具优势。单元组合面临的两大尴尬在专题材料这里目前都可以得到较好的解决，即以知识和文体组合单元，不能兼顾到语文的实践情境和人文性特征；以主题组合单元，语文知识和素养的序列性又得不到保证。而以专题材料进行语文专业知识的建构，每一个专题本身就是一个主题情境，而语文专题材料之间的契合又可以解决语文素养的序列问题。

实施专题教学的语文教师依托语文材料表征语文学科知识一般情况下是以不同专题的具体学科知识存在的，不同的专题涉及不同方面的语文学科知识。在教学中，教师会根据需要对这些知识进行重组，重组的依据就是学生语文学习的思维过程，是学生在语文学习过程中反映出来的思维发展序列。

（3）依学生的语文思维发展进行学科知识序列化

语文思维是思维主体在运用汉语进行认识与表达、审美与创造、鉴别与吸收的思维活动中，对语文对象展开的概括的和间接的认识过程。语文能力的核心能力就是思维能力。语文专题教学抓住了培育学生语文能力的核心环节，在教学中以学生的语文思维发展过程对自己的学科知识进行多种形态的组合。一位成熟的实施专题教学的语文教师要有不同专题下的语文学科知识，同时还要有将这些学科知识根据学生语文思维发展的需要进行组合的能力。这种组合的方式不是针对整班学生或一部分学生的需要，而是要根据学生个体语文思维发展的需要，是真正针对学生个性化发展的语文学科知识形态。所以，从事专题教学的老师不仅博学，还可以依据一定的语文思维链条凝聚相应问题点的语文学科知识。在思维链条的每一点上，实施专题教学的语文教师将通过专题材料呈现的知识负载在上面。成熟的实施专题教学的语文教师组织的知识形态具有很强的弹性和辐射性，教师可以根据学生的水平调整知识的难度，还可以将解决语文学习问题的学科知识联系起来，促使学生的语文思维水平不断提升。

2. 语文专题教学知识的特征

依据舒尔曼学科教学知识提出的初衷和格罗斯曼结合英语教学对学科教学知识的研究，本研究认为，语文专题教学知识包括以下四方面的核心成分：语文专题教学观念；语文专题知识的表达形态；对学生语文专题学习基础及思维的理解和语文专题课程知识。在语文教师的专题教学知识结构中，以上四种成分不是独立存在的，而是熔炼之后的“合金性知识”。本研究将依序对语文教师实施专题教学时在这些方面的表现分别探讨。

（1）学生要做语文世界旅行家

被访谈的实施专题教学的语文教师认为，学生的语文学习过程就是在语文世界旅行的过程。目的地的选择、达到目的的途径、沿途的收获都是学生自主的，只有这样的学习才是真正的学生自己的学习。旅行甚至没有目的地，只是一个过程。旅行并不一定到达所有的地方，只要在自己喜欢的地方收获快乐就可以了。这些隐喻性的认识反映了实施专题教学的语文教师所秉承的教学理念。所以在语文专题课上，教师甚至不设计明确的教学目标，也不进行传统的课程评价，尊重学生自己在语文学习中精华性的收获和体验，并对这些收获和体验进行鼓励和放大。

从事语文专题教学的老师应逐步建立这样的教学理念：语言的规则和文学的理论往往表现为“固定的抽象”，但是言语智能的发展和文学阅读探究的行为却是个人的，如果用一定的标准框架去约束个人的行为本身就是违反客观规律的。也就是说，规则性的东西是要学，但是语文学习的本质是个性化的。对规则性的语文课程内容进行学习后，高中阶段更重要的是个性化学习，就是语文探究性的学习，是一种在语文世界中进行旅行的学习。

（2）语文思维链条关键点的引导性刺激

实施专题教学的语文教师的专业知识表征形态不是传统教学中的讲授、讲解，有时候甚至不是当下流行的提问和讨论。语文专题教师主要给学生提供学习材料和学习任务，以帮助学生在一定的情境和语文思维序列中进行学习。在一定的探究性学习情境中，学生在大量阅读基础上产生问题、分析问题和解决问题的思维链条是多维的，不同的学生在相同材料和任务中可能有不同的思维内容、路径和方式，同一个学生在专题学习过程中也会有不同的思维方向，语文专题教师的主要工作就是在学生思维链条的断裂处进行启发和引导，以帮助学生继续顺利运行自己的思维；在学生思维方向发生较大问题时，语文教师帮助学生找回思维的正确方向；在学生思维有不完善的地方时，语文教师可以进行适当的补充。在绝大多数情况下，专题教学课堂是学生自己"沉浸"在专题材料中，在语文专题中"跋涉"，最后获取自己的知识和体验，并将这些知识和体验以口头和文章的形式与大家分享。

所以，实施专题教学的语文教师运用自己的知识进行教学的主要行为就是精心准备和剪裁材料，然后监控学生在专题学习中的思维情况，最后做出决策。语文专题教师在课堂上对学生的点拨看起来是"只言片语"，但确是"金子"般的语句。在语文专题学习环境中，学生依托专题材料从一个问题的解决走向另一个问题的解决，一个问题的发现和解决建立在前一个问题解决的基础上。所以语文专题教学的课程内容外显的是材料模块，但实质上是思维问题的契合。

（3）相信并了解学生的语文探究能力

学生在语文世界的旅行中可以获得言语能力和文学素养的发展吗？实施语文专题教学的老师不会有这样的疑问。研究中，实施语文专题教学的教师充分相信学生的语文探究能力，认为不同的学生在语文专题教学中都可以获得充分的发展。学业水平高的学生在探究中可以获得与自己已有基础相匹配的发展，而学业成绩一般的学生也可以从中获得独特的体验。专题学习中的学习成果除了可以量化的部分外，有很多学习成果是不能量化的部分，而这些不能量化的部分正是学生获得的独特体验。如果每一个人都有独特的体验，那么语文课堂就是一个平等对话的过程，就是一个充满了学习积极性的过程。在专题学习中，学生只要认真努力都可以获得自己独特而闪光的东西，这正是学生在专题学习中最大的收获。这种收获像滚雪球一样越来越多，就会成为学生的一种习惯，一种精神的养分，成为独特的语文行为个体。实施专题教学的语文教师认为，在基础教育时期培育了学生自学的习惯，将是这些孩子一生的财富。有效实施语文专题教学的教师，必须是相信学生自我学习能力的语文教师。

同时，本研究的对象实施语文专题教学的教师也十分了解学生探究能力发展的情况，这种了解建立在自己对语文探究的了解基础上。在基础教育的文学素养培育中，文学探究是提升文学素养的一种学习方式，它不同于一般意义上的文学研究。这些教师在材料的提供和学习引导的时候依据的是学生文学探究的学习心理，只有语文教师懂得文学探究的学习心理才能真正有效地进行语文专题教学。

（4）特殊的语文模块课程知识

可以将模块课程看作一种学习活动包或个别化学习包。一般认为，一个模块是为了帮助学生达到一些明确规定的学习目标而设计的包含一系列学习活动的自我控制、独立的单元。所谓自我控制，是指教学过程由学生自己来做选择和决定，发挥学生的主体性，安排自己的学习进度、学习内容、学习方式，教师不再掌控教学的过程。所谓独立，是指一个模块围绕一两个特定的主题，而不是包含全部的科学内容，具有单独的教学目标、教学评价、学习资源的课程子系统。模块化课程是一个开放、灵活的体系。学生可以从不同的学业水平选修不同的模块课程系列，而不需要按照统一的进度学习固定的科目。每个模块具有一定的独立性，可以在不做重大修订的情况下，只需要替换、修改其中的部分模块，就可以实现模块新的组合和功能，也可以和其他模块一起组成一个系统的学习“组件”。模块化教学的课程外在形式表现为课程“块”化处理，但其内在的实质是满足课程的可选择性、学习的个别化需求，这是一种课程外在形态变革下的个别化教学形式。语文专题教学是模块课程在语文学科的表现形式之一。

“学习领域—科目—模块”是一般意义上模块教学的组织形态，关于模块教学的课程知识也是建立在这样一种组织形态基础之上的。但是，由于语文学科的特殊性，所以语文模块课程的知识形态也有特殊性。言语教育和文学教育既不局限于知识的吸收，也不局限于机械能力的训练，语文课程也是多种元素的混合体。语文课程内容的立体繁复性，决定了语文模块课程不能平面化地进行模块的划分和组合。基于语文学科的特殊性，语文模块课程具有自己特有的知识形态。

语文学科知识缺乏线性和整体性的特征，决定了语文课程的组织也不能按照“学习领域—科目—模块”这种形式进行。在语文专题学习环境中，学生依托专题材料从一个问题的解决走向另外的一个问题的解决，一个问题的发现和解决建立在前一个问题解决的基础上。所以语文专题教学的课程内容模块外显的是语文专题材料模块，但是实质上是一系列思维问题的契合。相同的专题材料可以培养学生不同的语文思维能力，也可以出现不同的个性化的语文学习方式和结果。而不同的专题材料也不过是不同的学习情境和载体，评价语文专题材料的好坏主要看其对学生语文学习的影响。在一个专题之下，语文学习者自己阅读材料，获得体验，发现问题，解决问题。在语文专题学习过程中，只有专题材料是语文教师精心设计的，之后的学习过程是学生个性化的语文学习行为过程。教师不掌控教学，在最初的阅读材料基础上，学生自己制定学习目标、学习内容，自己对自己的专题学习进行评价。学生的学习以专题为中心，自己发现问题和解决问题是主要的课程形态。语文学习材料和语文思维问题相结合作为课程模块的组织形态是符合语文教学现状的合理选择。语文教师应该建构语文模块课程的知识形态以顺利实施语文专题教学。

语文专题教学确实给语文教学带来了新鲜的因素，这种因素在中小学语文课程改革中已经凝聚成一道强劲的力量。虽然语文专题学习的本质是学生的自主探究，但是语文教师还是专题课程有效实施的关键性因素。本文在语文专题课堂观察、语文专题教师访谈和大量的语文专题课例分析的基础上归纳出语文教师实施专题教学应该具备的知识特征，对语文教师实施专题教学的知识特征进行了描写，可以为教师建构语文专题教学的知识形态提供方向性的引导。但本文只是语文专题教师知识理论构建和实证研究的一个起点，如何对语文专题教师的知识素养进行评价，语文教师实施专题教学的知识如何发展，不同发展阶段语文专题教师的教学知识有什么特征等是本研究后面需要回答的问题。

本文将语文教师实施专题教学的知识基础置于语文教师学科知识和学科教学知识的话题下进行探讨，就是想给读者展现语文学科知识和语文学科教学知识的综合形体，帮助读者进一步理解语文教师学科知识和学科教学知识建构的特点和二者建构的互动关系。同时进一步论证，语文教师建构自己的教学认知资源体系是具有实践性、个性化特征的。

三、语文教学心理模型

本研究从自上而下的演绎法和自下而上的归纳法两种思路，在语文教育领域率先开展语文教学心理模型研究。对语文教师教学认知能力的研究受到了一般教学认知能力的启发，在教师认知研究中，早期的研究者都重视教师心理模型的研究，并将教师心理模型作为重要的教学能力要素。教师的心理模型是指教师在解决问题时对问题进行操作所建立的心理表象系统。根据教师认知研究的发现，专家型教师的心理模型较为复杂，而且能运用心理模型指导自己的教学活动。一般认知心理学认为，心理模型是指个人建构的用于理解和解释自身经验的知识结构。心理模型受到个人经验的影响和个人内隐理论的约束，所以准确性有高有低。例如，都有飞机升入空中的心理模型，但并不是所有人建构这个心理模型都依靠物理定理，所以心理模型的准确性一定不一样。再例如，中世纪前人们对地球和月亮之间关系的认识也是这种个体间心理模型的差异。心理模型与命题的区别在于，命题使用言语表征，而心理模型是用图式表征的。心理模型与表象的区别在于，表象是特定的形象记忆，而心理模型是经过加工后的任意图式。如“挂图在黑板上”，在一个个体的内心可以复制这个言语信息就是用命题表征；如果限定在特定挂图和特定黑板的形象记忆，那么个体就是用表象表征；如果个体内心出现的是任意的挂图和任意的黑板，那么个体就是用心理模型表征。优质的心理模型可以揭示事物的本质，有缺陷的心理模型会造成认识世界的失误。依据这些心理学理论，本研究也从语文教师身上探寻有关学科教学的心理模型特征。

长期大量接触一线语文教师教育，本研究在与其交流中发现，语文教师通常并不将自己的知识用文字形式进行呈现或者传播，但是做教学经验分享的时候，有的知识很难用语言表达。根据心理模型理论，这些知识应该有很大一部分是心理模型。本研究对语文教师心理模型做探索性分析。

（一）语文教学方式的心理模型

语文教师教学方式的心理模型是与教学行为规范相关的教学模型。语文教师不管是从公共知识的理论知识世界还是情境同侪那里获取的教学行为规范方面的知识，很多时候会转化为一种教学行为方面的心理模型，语文教师就是依据这些心理模型实施教学。本研究可以从职前语文教师教育和职后教师观察中发现心理模型的表征。

从本研究对职前师范教育的技能培训可知，帮助汉语言文学专业师范生建立一套规范的教学行为系统非常困难。在实践教学初期，指导教师或者教学法课程都会做出一系列教学行为规范方面的要求，比如教学语言、教姿教态、板书、范读及评价学生的方式方法等方面的要求。如果用纸笔测验的方式，让学生用言语命题的方式回答这些规范系统，学生可以清晰地复述这些知识，有的学生的回答和教科书与指导教师的指导语竟然可以做到一字不差。当本研究团队的指导教师满怀希望地想看到学生在模拟授课和教学实习时也做到前面要求的行为时，一般的实习生都难以达到知识体系所描述的规范程度。也就是说，这些实习生在命题知识层面掌握这些知识和在实践中使用这些知识之间的距离很远。本研究对师范生做了针对性的访谈，探究其中的原因，发现表现好的同学通过演练或者想象等方式将言语的信息转化为一种表象系统，一些行为规范方面的要求依靠预先设想的心理模型去实施教学。当然，不同师范生建立心理模型的水平影响着他们的教学表现。这给本研究以很多启示，在具体的职前语文教师教育中就可以借助影像资料帮助师范生建立教学行为规范系统，且比言语信息建立规范系统更为适合。本研究在具体的职前语文教师教育中还发现，使用优秀师范生的教学行为规范系统作为范本进行培训的教学效果要好于使用在职教师的范本，这可能是被模仿对象的难度更适合职前语文教师学习。

在对在职教师的教学行为观察中，本研究发现在一定的情境中，相同性别的在职语文教师的教学语言在音高、节奏、音强等语音面貌方面有很强的相似性。有的教学环境中的语文教师整体上和教师专业培训中教师口语规范标准接近，给人感觉很舒服，但是，有的教学环境中成长起来的语文教师会有一种表演的感觉。本研究认为，这就是同侪中流行的口语表达方式在大家心中共同的心理模型，语文教师在各自的环境中认为这样的表达就是正确的，并用来指导自己的教学行为。有的语文教师的心理模型可能是自觉的，但是有的语文教师自己都没有发现自己的心理模型。例如，本研究在对语文教师口语发展研究的观察中发现，小学、初中和高中语文教师的教学语言从内容和形式方面表现出整体上的差异性。以小学语文教师为例，他们从音调、音色和肢体语言方面自然地会出现一种“儿童”的影子，这些可能他们自己都没有发现，但是在教学中就是这么自然地发生着，这就是一种集体无意识的心理模型在起作用。

本研究在前文中提到教师发展情境的重要性，也阐述过心理模型有完善和不完善之分，通过本部分研究的例子也看出，心理模型在语文教师教学实施中影响的广泛性，所以本研究认为在今后的语文教师教育中应该重视教学心理模型的研究。

（二）语文教学流程的心理模型

语文教师教学方式的心理模型较为微观，教学总是发生在时间流中，是一定时间内教学要素间的协同调动，语文教师在一定程度上靠教学流程的心理模型而非命题网络运行自己的教学。本研究也从汉语言文学专业师范生教育和职后教师教学行为观察中去提炼语文教学流程的心理模型。

一般情况下，我国目前的汉语言文学专业师范生的技能训练老师都由大学专业课教师担任。大学汉语言文学专业课教师习惯以知识点的前后呈现进行教学流程的设计，不同专业背景的教师的知识点也不同，文学课教师的知识点较为宏观，语言课教师的知识点较为微观。其中有中小学教学履历的教师会从中小学教学的实际需要出发帮助师范生设计教学流程。经过一段时间培训后，我们发现这些学生身上明显有指导教师的影子，大多数师范生都较为单一地将知识点的前后相继作为教学流程。这反映出大学汉语言文学专业课教师缺乏中学语文教学流程的心理模型，同时也反映出师范生心理模型建构的机制。

背景知识的补充一直是特定篇目语文阅读教学必不可少的环节，一般情况下语文教师都会在教学的起始环节补充课文的作者介绍和背景知识，这是大部分中小学语文教师共同的心理模型。但是，我们在北京的一所中学发现，一位有名的特级教师所带出的“徒弟”几乎都不在上课的开始补充背景知识，而往往在上课的中段最需要背景知识时才实施这一教学环节。我们在访谈的时候发现，这些年轻教师呈现背景资料前后的铺垫都和“师傅”有极强的相似性。这个例子反映出，这一语文教学实践共同体在背景知识呈现方面不排除有共同的心理模型，很可能在实施教学中，就是凭着一种经验的惯性在呈现背景知识，虽然这种做法目前看来是较为合理的，当然也并非只有放在中段呈现才是合理的，不过这些老师很少做出改变。

语文教师的心理模型的质量，在一定程度上影响着自己的教学，而且目前看来心理模型一旦形成，改变起来较难。我们在指导学生参加全国性技能比赛中发现，参赛学生形成一定的教学过程心理模型，他面对不同的课文总要去套用这个心理模型，如果想让学生为了比赛改变自己的心理模型，需要师生双方都付出极大的努力。

（三）语文学习表现的心理模型

语文教师内心总有一种对学生学习状态的完美预期，认为学生的语文学习应该有个理想的样子，这个理想的样子就是语文教师语文学习表现的心理模型，语文教师会根据学生的学习状态和这个理想状态的吻合程度去判断学生的学习特点。以下是截取的一段访谈，可以反映出语文教师建立语文学习表现心理模型的轨迹。

> 第一轮的时候，这些知识点我都讲了，但是第二轮的时候我想，为什么都讲呢，这节课不讲后面还会出现的，在外行眼里把知识点漏掉了，其实知识点后面会出现的。第一轮的时候想的是怎么把这课流畅地讲下来讲完，因为那个时候讲完课也是很困难的。第二轮就是我如何让我的学生考得高一点。第三轮我想的是我如何让学生动起来，让他去动。我们老教师一般从单元出发，先看这个单元，看看有没有可讲的，如果没有可讲的怎么处理。然后想，如何能让学生动，如何能让学生动起

来，我能少说点，尽量能让自己少说。[①]

从这一段文字可以看出，语文教师在“求生期”是没有学生表现的心理模型的，只有自己完成基本任务的心理模型。后面逐步建立了考高分的心理模型，但是这个心理模型是很模糊的，因为考高分的心理模型在不同人内心的衡量尺度并不一样。到了一定的专业发展阶段，这位语文教师建立起了“学生动起来，让他去动”这样的心理模型。也就是说，对这位语文教师而言，到了第三轮专业发展期，如果学生在自己的课堂上没有主动学习的状态，那么学生表现就不符合自己建构的心理模型，那么语文教师就此可以调整自己的教学。

以上对语文教师教学心理模型的分析还属于探索阶段，但是可以肯定的是，语文教师的心理模型一定是其实施教学的重要依据，语文教师的教学心理模型不是理论化的知识，也不是具体的形象记忆，而是介于形象和言语命题之间的，以经验表征的特殊心理现象。希望本文的研究可以为今后语文教师教学心理模型的研究贡献一些绵薄的力量。

语文教师学科知识是语文教师学科教学知识的来源，语文教师学科教学知识是体现语文教师专业的合金性知识。语文教师学科知识和学科教学知识，与语文教师心理模型一起作为语文教师教学认知能力中的认知资源存在，决定着语文教师的教学认知操作和教学反思。

---

① 张钧. 语文教师文本解读教学化研究[M]. 北京：社会科学出版社，2015：121-123.

第三章　语文教师教学认知执行控制论

语文教师的教学认知能力结构中的执行操作部分指向具体语文功能性任务，目前高等师范院校汉语言文学专业的“语文教学论”和“语文教学设计论”等课程和核心内容的概念其实来源于心理学，但是整体的表述体系却是行为主义的外在要求。本研究将采用教师认知的话语体系，从语文教师个体的教学信息加工和教学监控两个视角分别探讨语文教师的教学认知能力，以期更符合具体教师专业成长的实际情况。

语文教师外显的教学任务指向都对应一个内在的教学认知信息加工过程，根据前期的理论建构，本研究根据语文教师教学核心任务将对应的教学信息加工定位为语文教学内容的确定、教学价值的理解、学生语文学情的判断、各层级语文教学目标的设计、语文教学过程与方法的设计。依据教师认知研究，这些教学信息加工模块之间密切联系、相互影响。目前，语文教学论和语文教学设计论的理论阐述中，缺乏教师知识和教师能力之间相互关联的研究成果，本研究力图从完成对应的教学信息加工过程中，语文教师知识和语文教师信息加工之间的关系视角阐述相关理论，以凸显语文教师研究的学科属性。

一、语文教学内容确定及其教学价值理解

本研究早在 2012 年就提出语文教师学科知识和学科教学知识的实践属性，并以此为理论基础阐述了当前语文教师面对同一篇课

文确定教学内容多样化的根源。王荣生及其研究团队早年针对语文教师教学内容多样性的情况，曾经想通过共同语文学科知识的建构和语文教科书要素构成改革来达到“语文教师不需要研究语文教学内容，只需要研究语文教学方法”的目的。近来，从高晶、王从华等人对话题 PCK 的研究中可以看出，整体上该研究团队也开始认同语文教师学科知识和学科教学知识的实践属性，从“使用理论”的视角对语文教师 PCK 进行研究，从语文特级教师的课例中提取具有语文教师特色的 PCK 形态。本研究从教学信息加工的视角，从语文教师将自己的学科知识转化为课堂教学内容的视角，描述一个理想化的信息加工过程。本研究团队 2012 年就借鉴舒尔曼的教育学推理理论，针对语文教师的文本解读教学化，做过一个教学化的信息加工模型，但是那个模型仅针对特定主题下的课堂教学（见图 6）。

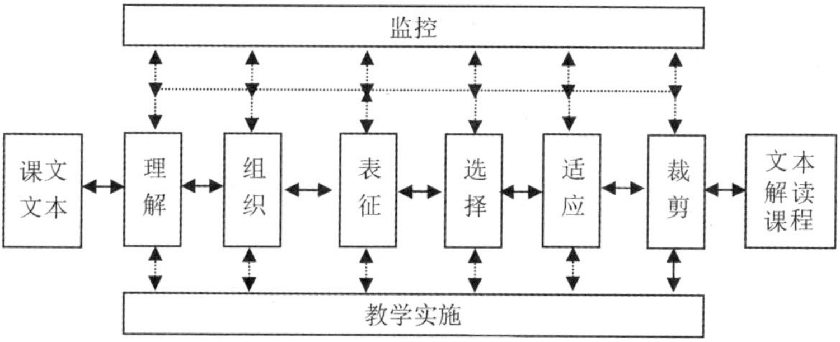

图 6　文本解读教学化推理模型示意图

本研究现将视野扩大，放在语文教学系统性的空间里进一步探讨语文教学内容的确定问题。因为，语文教学内容确定后，语文教师将使用具体的教学内容与教学设计和学情分析等教学活动建立关系，所以语文教师还需要进行教学内容教学价值理解的过程。在具体的调查中发现，语文教师对教学内容本体和教学内容教学价值的理解往往是相伴相随的状态，所以本研究将二者作为一个信息加工模块进行分析。

语文教师教学内容的确定和教学价值理解包含以下具体的成

分：语文素养知识化、学科知识结构化、语文课程政策理解、语文教材理解和学科知识教学化。

（一）语文素养知识化

本研究将语文素养知识化定位为：语文教师确定语文教学内容的重要信息加工能力的前提是“教师不能教自己不知道的知识”。语文教师的教学目的既然要指向学生语文素养的全面提升，首先语文教师就要具备一定层次的语文素养，这是语文教育研究得以开展的前提，也是凭经验即可证明的事实，否则也不会有那么多学者强调语文教师的语文基本功。但是语文教师和一般在语文素养方面有造诣的个体的区别之一就是，语文教师需要将自己的语文素养转化为知识的形态，为教学所用。这也是语文教师和其他学科教师的区别，其他学科教师的教学主要是从知识到知识的内容确定，语文教师却是从文本到知识的教学内容确定，所以语文教师从接触教学文本到教学内容确定需要更多的信息加工程序，将学科素养知识化就是其中之一。

语文教师的语文学科素养本身不是知识，而是在语文活动过程中表现出的整体身心品质。本研究借用最新的高中语文课程标准中提出的语文核心素养体系，也可以将语文教师的核心素养对应地分为“语言积累和建构素养、语文思维素养、语文审美素养和语文文化理解和传承素养”[①]。对学生的要求来说，最终的指向是帮助学生达到一定的素养水平，对于语文教师而言除了自身具备这些素养之外，还需要进一步将“我能”转化为“能的表现”“为什么能”“如何能”“能的标准和层级”“能的条件和影响因素”等认识成果，这个转化的过程就是“语文素养知识化的过程”。以当下较为热门的整本书阅读教学为例，语文教师首先自身要有阅读整本书的素养，其

---

① 中华人民共和国教育部. 普通高中语文课程标准（2017 年版）[S]. 北京：人民教育出版社，2018：1-7.

实很多人都具备这个素养，甚至很多学者的素养还要高于语文教师。其他人可能只需要做到自己有整本书的阅读能力就可以，但是语文教师要将自己的整本书阅读素养发展为“整本书阅读的意义”“读懂整本书的表现”“如何能读懂整本书”“有什么基础才能读懂整本书”“读懂整本书和没有读懂整本书之间的差异和表现”等知识，这样才能进行整本书教学。本研究认为，这里所陈述的知识既可以是语文教师自己总结的经验，也可能是理论学习基础上的素养反思成果。但是，不管怎么样都需要语文教师具备相应的语文素养作为转化的起点和基础。当然，在转化的过程中，语文教师的语文素养也会获得发展，因为他已经执行了一个元认知信息加工过程。语文教师通过二次加工自己的语文素养，产生了新的学科知识，成为语文教师学科知识的一部分。

（二）语文学科知识结构化

本研究认为目前语文教育行业内，公共性的语文学科知识缺乏体系性，但并不是说语文学科知识不能在一个语文教师个体的认知系统内部结构化，语文教师只有将各方获取的知识和经验转化为自己的实践性学识，才能形成结构化的教学内容。基于不同的语文学科观念和语文教学观念，语文教师结构自己的学科知识可能采取不同的信息加工方式和路径。本研究举几个例子说明这个问题。

在 20 世纪 80 年代的语文学科知识建构领域，魏书生老师画的知识树（见图 7）最为出名。这是将传统的语文学科知识结构化的典型代表，也是一代语文教师对语文学科知识结构的理解。当时的语文教育领域对语文知识的理解还是以上海教育界提出的“字、词、句、篇、语、修、逻、文”为框架进行知识体系的构建。很显然，之后的语文教育领域对语文学科知识进行了反思，一方面语文教育研究要强调，该领域一些学理性的研究确实代表着语文学科知识研究和语文教师建构学科知识的趋势，例如目前语文教育研究界对“语文课程知识”的深入探究，学者想建立一套基础教育阶段适合语文教师教和学生学的知识系统，想突破以往语文学科知识研究较为静态的局限。另一方面语文教育研究也要认识到，这些理想化的研究毕竟和语文教师真实情境中学科知识的建构方式并不是对等的，很多学理的探究和语文教师本身的学科知识建构方式与结构并不相符。符合现实需要的语文教育研究，需要通过语文教师的教学行为观察、访谈和课例分析等研究手段提炼语文教师学科知识的形态和结构化特征，与自上而下的理论演绎相结合，探寻语文学科知识的属性，这也许才是语文学科知识研究未来的范式走向。

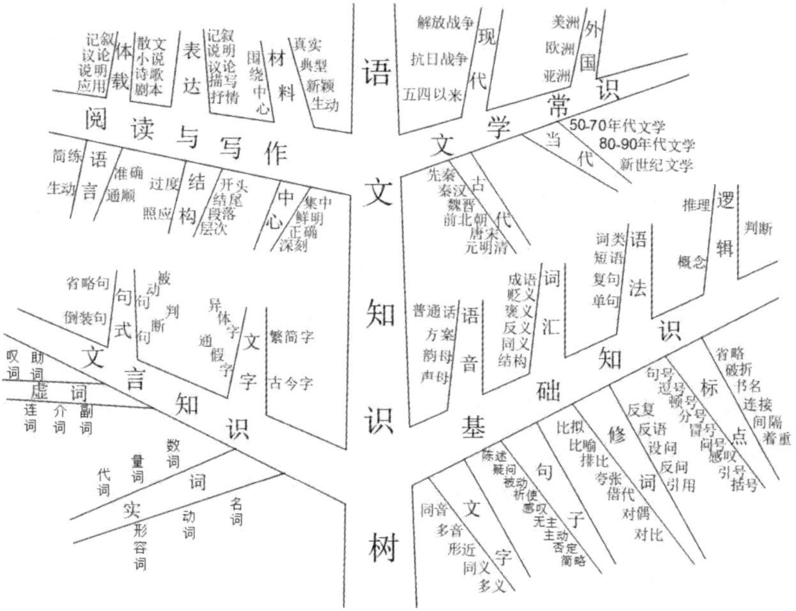

图 7　魏书生语文知识树示意图

在语文课程文化变迁的大背景下，受语文课程标准理念和语文教科书编制体系的直接影响，即使是单篇文章的教学，语文教师整体的语文学科知识结构也与传统的语文学科知识显现出较大差异。这里举几个较为明显的群体性变化例子进行分析。据本研究长期调研发现，目前有的教师重视以语文活动为基点构建语文知识，例如以听、说、读、写为基点构建语文学科知识，重视语文的方法性知识；有的教师受到主题组合单元的影响，以“话题”为基点构建自己的学科知识体系；当然，受语文考试文化的影响，有很多语文教师以语文考纲为参照构建知识体系。各版语文课程标准都强调论说类文本的教学需要理清观点和材料之间的关系，但是观点和材料之间到底是什么关系在学术界也没有一个系统的研究。有的语文教师非常有心，首先从论说性文本和议论文的区别与联系入手，明确论说性文本中观点和材料之间的关系，以语文教科书为语料归纳语文教科书中观点和材料的具体关系表现，以及如何在阅读和写作中利用这些知识帮助学生提升语文素养。这样的探究过程和结果在一定程度上可以反映出语文教师以单篇文章为基点构建语文学科知识的信息加工历程。

随着群文阅读、整本书阅读、专题教学的兴起，实施这些教学的语文教师学科教学结构方式一定与单篇文章教学时代有较大差异。本研究曾经参与过一个学校的教学改革项目，名称为“小学主题带多篇群文阅读教学”。群文阅读教学实际上也是一种教学理念，并没有固定的教学结构，不同情境下的学校开展群文阅读教学时采取的策略也不同。本研究参与教改的这个学校实施“主题带多篇群文阅读教学”要改变当地学生阅读量小的问题，还要将阅读教学单纯化。参与实验的老师经过比较分析认为，主题结构群文是较为适合小学生的一种方式。那么，参与实验的语文教师就需要思考群文由哪些文章构成，构成的文章之间应该是什么关系，群文阅读和主题之间的关系如何处理。在思考和解决这些问题的过程中，其实语文教师已经经历了一个学科知识的重构问题，“比较阅读”“思辨阅读”“文体知识”“话题知识”“文化知识”“阅读兴趣”等知识围绕主题带多篇群文阅读教学逐步建立并完善起来，形成了这个小学语文教师特色性的知识结构。用该校语文教师的话语表述就是，扩展了“自己知识的点状结构和网状结构”。这个学校语文教师学科知识的建构历程在一定程度上可以反映课程改革面前语文教师学科知识的重构历程。

当然，本研究在研究过程中也发现，在一些课程决策民主性较高的学校，语文教师的学科知识结构化也较有特点。本研究团队所在高校的一所实践教学基地具有实施整本书教学的传统，因为这所学校的课程决策民主程度较高，所以语文教师在实施整本书教学时学科知识建构也各有特点。其中，有位老师以整本书结构的学科知识体系很有特点，是以“问题为基点的三维知识结构”。这位语文教师 20 多年坚持了一个习惯，每天要阅读至少 2 个小时，在实习基地学校早早开展了整本书阅读教学，在全国范围内也算是整本书阅读教学的先行者。本研究在课堂观察、访谈和这位语文教师本人的经验分享中发现，该教师善于从整本书内容、整本书重点语段、整本书精神内核三个维度分别设置网状问题结构，据此本研究推测该教师的学科知识结构应该也有这样的特点。这位语文教师在一次经验分享中说过，自己近十几年的备课从来没有看过教参，也不怎么关注课程改革，自己的成绩完全是大量阅读和不断问为什么的基础上取得的。可见，语文教师建构自己的语文学科知识具有个性化特征。

总之，语文教师的学科知识要成为一种结构化的形态，才能构建起结构化的语文课程，语文教师的学科知识应该都具备一定的结构性，但是知识结构中知识的内容、贯通性、深刻性、丰富性应该是有差异的。

（三）语文课程政策的理解

本研究关注语文教师在不同情境中建构语文学科知识和语文课程的实践性，同时也在思考如何保证语文学科知识建构和语文课程实施的公共性。其实很长一段时间内，这种公共性竟然是语文中考和高考考纲起决定性的作用，本次高中语文课程改革想改变这种局面，颁布了高中学生语文学业质量标准，今后这个学业质量标准将会成为高考的导向。在理论上，我国的语文课程标准应该成为语文教学内容确定公共性的保障，但是这种保障到目前还没有发挥其应有的作用。关于研究语文教师教学内容确定的视角，本研究还是提倡语文教师理解并落实国家语文课程理念。当然，这里使用了“理解”一词，本意是不想让语文教师全盘接受语文课程标准的内容，而是本着一种研究的精神，与语文课程标准的相关内容进行交互，既保证语文教学内容确定的公共性，也保证课程决策的民主性和弹性特征。

随着语文教师教育的开展和语文教师队伍整体水平的提高，本研究在语文教师相关研究文献阅读和学术交流中发现，其实高水平的语文教师反而更关注语文课程改革并积极主动参与其中。语文课程标准的制定也重视基础教育改革的成果，目前的语文课程标准还是能够集中反映语文课程与教学研究的成果，并且代表着未来语文课程发展的方向。语文教师对语文政策的理解，对自身语文教学信念体系的建立和语文课程目标体系的定位，尤其是对语文课程内容体系的理解等，都会对语文教师教学内容的确定产生重要影响。

语文教师能否真正理解语文课程标准提出的语文核心素养、学习任务群以及专题学习的真正含义将影响未来语文教师教学内容的确定。专题教学是当前高中语文课程改革的热点话题，本研究将以语文教师个体实施专题教学的教学设计为例，从侧面说明语文课程政策理解对语文教师课程理念变化、语文教学内容确定和价值理念变化带来的影响。

该教学设计正契合对《普通高中语文课程标准（2017 年版）》关于专题教学和整本书教学的理解。这个专题教学设计的整体思路（见图 8）以《祝福》的鉴赏教学为起始点，从祥林嫂的人物形象分析辐射到《祝福》中女性形象分析，将专题研究的切入点聚焦到《彷徨》中的女性形象诉求，以《彷徨》为整本书的素材点，让学生通过完成论文的任务形式进行“鲁迅的思想探索和时代意义”的探究性语文学习。首先，这样的教学设计正是课程标准所倡导的，只有语文教师领会了课程标准的理念和目标内容要求，才能从读写结合的视角、探究思维的视角、精神审美的视角、鲁迅精神文化影响的视角综合培养学生的语文素养，才能针对性地选择相应的教学内容。这里的教学内容与传统的单篇教学相比较，需要语文教师有文学素养、文学知识、文学阅读知识、文学研究知识，整个语文学科知识的空间和结构都需要重构。这就是未来实施高中语文课程标准对语文教师提出的新的要求和挑战。语文教师理解语文课程标准，才能接近和走入未来高中语文课程改革的整体语境，否则就会被边缘化。

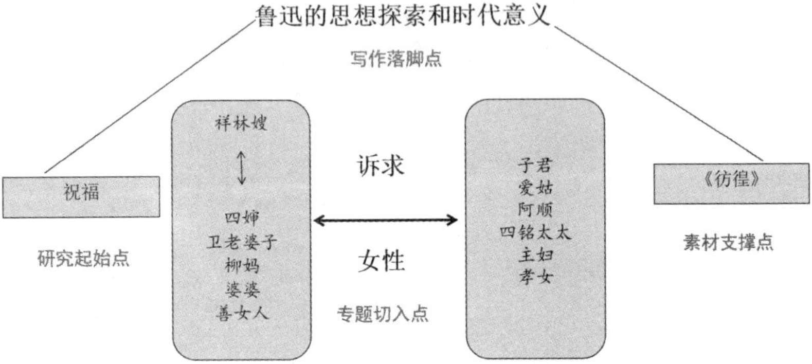

图 8　“《彷徨》中的女性诉求”专题教学设计简图[①]

（四）语文教材理解

语文教材是语文课程政策通向语文教师教学和学生语文学习的导管，从课程制度传递的作用看，语文教科书有时候影响力大于语文课程标准，因为语文教科书作用直接在课堂教学情境中发生。所以，语文教师对语文教科书理解的程度往往是考察语文教师对国家语文课程标准理解的重要指标。一般情况下，语文教师具体教学内容的确定，主要以语文教科书为载体。

现在的高等师范院校，在职前语文教师教育中专门开设“语文课程标准和教材研究”课程，力图帮助学生理解国家语文课程制度，帮助学生依据语文教科书建立较为公共性的语文学科知识体系。但

① 本图根据北京师范大学二附中语文教师李煜晖的学术报告绘制。

由于课时的限制，加上缺乏教科书研究的实践情境，即使有教科书分析实操性训练，大多数师范生对语文课程标准和语文教科书的认知，停留在言语信息知识的理论学习层面，未将知识转化为“使用理论”。而在职后语文培训中，当本研究团队结合 PPT 演示将统编版语文教科书的编辑理论知识与在职语文教师分享后，语文教师最为着急的事情竟然是将课件拷贝走，因为这些知识对他们太有用了，他们说虽然他们天天接触教材，但是很少分析背后的原理。本研究在这里并不阐述普遍性的语文教科书理论，也不对具体版本的语文教科书做微观分析，因为这些内容在很多大学教材中都有。本研究更为关注的问题是，语文教师个体如何实现教科书理论知识和教科书实践运用知识的理想化融合。

针对语文教师对教科书的理解，本研究也做过针对性访谈。对访谈结果的定性分析显示，语文教师对教科书理解的水平普遍不高，即使是工作多年的语文教师对教科书的理解水平也有限。在访谈中，对语文教科书有较好理解的语文教师会有这样的话语表述：“当所有的问题都准备好，之前的几篇课文介绍了几个知识点，这篇课文突出体现哪个知识点，然后你要设计几个问题，并不是在一篇课文中把所有的知识点都重复一遍，这一节课设计的教学目标要体现哪几点。”还会有这样的表述：“根据课程标准和初一、初二、初三教材的编排进行教学，都一个计划性。但是也不全然，当你亲自一教的时候，完全和计划不一样，因为有的孩子基础太差，甚至连拼音都不会，所以计划得改。一部分尖子生还不错，起码能把文章读通，计划得根据孩子的情况进行调整。”这些老师还表达了这样的观点：“读课文，然后根据教学重难点也好，选择突破点。一课一个单元，一共五篇文章，那么这三篇文章重点讲什么，那两篇自读怎么处理，这三篇文章侧重点又是什么，都是说明文，这课是强调学生明白写说明文，要注重抓住事物的特征，这课是说明顺序，这课就是说明方法，我不是面面俱到那种，一课抓几个重点就完事儿了，哪篇文章哪出的闪光点大，就要根据这篇文章和学生的能力水平确定教学目标和教学重点，这样的话效果好一点。”可以发现，对语文教科书理解较好的语文教师会根据学生的情况、课程标准和教材对文本解读课程进行细致的规划和设计，表现出语文课程决策者的专业特性。但是新手教师中教科书理解意识淡薄和能力较弱的占大多数，他们只是就课文讲课文，例如有语文新手教师这样表述：“像我这样年轻的教师，如果有什么困惑啊，都会请教有经验的教师，还有借助媒体啊网络啊去查阅资料。”还有这样的表达：“我一般要看好几个（教参），一个和一个还不一样，侧重点还不一样，我得结合一下，再根据具体的情况，我只考虑文章的共性的东西，没有对单篇课文重难点进行设计。”在访谈中本研究还发现，很少有语文教师可以用学术化的教科书话语体系表达自己对语文教科书的理解。希望目前的在校师范生以扎实理论知识学习为基础，经过今后的教学实践，可以有更好的语文教科书理解方面的表现。

（五）语文学科知识教学化

一般情况下，语文教师以语文课程为导向，以文选型教科书为载体，通过理论学习和文本解读，依据一定的基点结构好语文学科知识之后，就真正进入了语文教学内容的确定。沿用语文教师文本解读教学的推理范式，本研究将这一信息加工过程称作“语文学科知识教学化”。整个信息加工过程在认知监控下进行，并且伴随教学活动的始终（见图 9）。

“理解”环节是语文教师重新结合课文印证和反复思考自己所建构的语文学科知识的信息加工过程。在真实的教学活动中，无论是新手教师还是有经验教师，在备课阶段和上课过程中，即使已经建构起了语文学科知识，也还是会通过阅读课文重新唤醒、检验和反省自己对“课文的理解”。今后以学习任务群建构的语文课程内容体系，只要是以文本为载体进行学科知识建构，那么语文教师的学科知识教学化也需要执行“理解”这一信息加工过程。

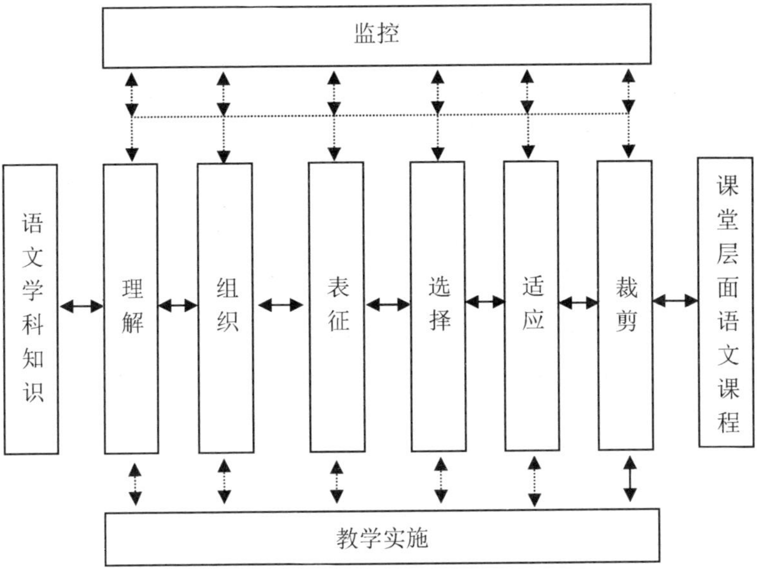

图 9 语文学科知识教学化推理示意图

“组织”是语文教师针对一定的教学目的，对自己已经建构起来的语文学科知识进行批判性解释、整合、分类、重新整理、重新组织的信息加工过程，目的是建立这些知识的关系，提高在具体教学中提取这些知识的有效性和效率。我们在语文特级教师的专业发展自述和语文教师访谈中都可以提炼出语文教师在教学中对自己知识不断进行审视、转化、分类和重组的信息加工过程。具体表现为，语文教师会在整体的课程规划中布局自己的语文学科知识，会在一篇课文的教学过程中或者课堂教学的各个环节组织语文学科知识，也会在某个问题点、话题点、知识点、活动点组织语文学科知识，还会在语文学科知识的某个点上组织语文学科知识。一般情况下，语文教师越是能在“宏观至微观，点状至网状”的结构中，将自己的知识组织得越精密，我们认为这样的教师语文学科知识组织这一环节的水平越高，反之亦然。

“表征”是语文教师将自己拥有的语文学科知识以学生易于接受

的形式呈现、传递，或者使用自己的学科知识有效帮助学生获得语文素养发展方面的认识成果。语文教师学科教学知识对教学法知识的阐述中提及的呈现、解释、解读、组织活动、设置情境、布置任务就是语文教师在具体的教学情境中表征自己语文学科知识的具体方式。这里的表征不是具体的教学实施，而是将语文学科知识与这些表征方式进行融合的信息加工过程，形成的知识形态就是语文教师学科教学知识的核心要素“教学法知识与语文学科知识的合金性知识”。语文教师表征这一信息加工需要在一定教学情境的触发下才会启动，而且在多次运行中才能建构起完善的表征系统。理想的状态是语文教师具备完备的表征系统，即将呈现、解释、解读、活动组织、情境设置、任务布置等形态与语文学科教学知识整合，从而形成结构完整的语文教学法知识形态。但是在现实的情境中，语文教师应该会根据实际情况发展自己个性化的知识形态，不一定具备多种语文教学法知识。

“选择”是语文教师在具体的情境中使用何种教学法针对特定语文学科知识进行教学的决策过程。语文教师在表征这一信息加工过程后，会形成多样化的融教学法和语文学科知识为一体的合金性知识,但是在一定时间和一定情境下只能选择其中一种方式开展教学,这一信息加工过程就是这里所谓的“选择”。选择过程需要语文教师综合考虑多种因素，语文学科知识建构越优质的教师越能在具体教学完成时做出正确的选择。首先，语文教学法本体性知识这一特殊的专业知识形态是语文教师做出选择的对象；其次，语文教师还会反思自己对教学法的驾驭能力；再者，语文教师还会综合考虑教学目的和学科知识本身的特点；最后，语文教师还要考虑学生的学习情况。下面以一个语文特级教师的选择过程为例进行分析。例如，特级教师褚树荣一段备课心理操作的自述就是“选择”的典型：“怎样让学生真切地体验课文中的情呢？我想到了三个步骤，首先是学生对课文中的情有感觉，其次就是设置一种媒介，诱导学生回顾自己的感情经历，从而产生与我心有戚戚也的共鸣，三是讲述自己的情感体验。这样情感不再是观念的东西，不再是纸上的东西。学习这篇课文，为情所动，既是学习的一个层次，因情而悟理，这又是一个教学目标。而且对于现在的学生来说，这更是一个重要的教学目标。有人说，小说是一个开放的文本结构，每个人都可以从中找到自己的东西，你找到的东西是什么？因此，本人就设计了一个开放的对话过程。”[①]这段自述中，语文教师在自己文本解读知识建构的基础上，结合自己对学生文本解读学习特点的了解，设计了开放式的对话教学活动形式。该教师设计的对话活动形式是与自己建构的文本解读知识特点相适应的，也是在前期的教学推理操作上进行的具有文本解读教学特点的活动形式，而不是一般意义上的活动形式。总之，任何人面对选择的时候都是困难的，能在特定的教学任务情境中做出专业的选择，需要语文教师的专业知识作为后盾和保障，这也能证明语文教师是在具体情境中解决具体教学问题的反思性实践家，而不是现成知识的搬运工。本研究在这里所探讨的信息加工是语文教师独特具备的只反映语文教师专业特点的教学信息加工，像数学教师和科学教师等个体也需要执行选择这一信息加工过程，但是具体的操作内容和操作形式与语文教师大相径庭。

“适应”是语文教师在表征语文学科教学时如何适应学生特点的信息加工过程。语文教师基于学生情况的分析，包括学生的性别、能力、语言、文化、困难、动机、期望、误解等，以帮助自己决策采用何种方式促进学生语文素养的发展。这个信息加工过程和杜威的教材心理化类似。

如果说“适应”是面向大多数的信息加工的话，那么“剪裁”即是针对特殊学生的表征方式决策过程。在具体的教学中总会有特殊的学生，本着教育要面向全体的宗旨，专业的语文教师会针对特殊学生的学情做出分析，为他们确定特殊的教学内容及表征方式。

以上本研究对语文教师确定教学内容及其价值理解的信息加工

---

① 褚树荣. 褚树荣讲语文[M]. 北京：语文出版社，2008：116-117.

过程进行了探讨。其中语文素养知识化、语文学科知识结构化、语文教材理解是语文学科知识建构的信息加工过程；语文课程政策理解对语文学科知识建构的宏观知识建构有影响，也是语文教学价值观的建构过程；语文教师学科知识教学化是将语文学科知识转化为具体教学内容的针对性信息加工过程。本研究所探讨的语文教学内容确定及其教学价值理解所涵盖的信息加工要素模块之间相互联系、相互影响。这些信息加工模块在不同个体那里的操作顺序可能有不同表现，新手教师可能是顺序性加工，有经验的教师可能是同时加工。

二、学生语文学习情况分析

现代语文教学研究一直注重学生的学习，在具体的语文教学中也强调语文教师做科学的学情分析。培养语文核心素养是大势所趋，对学生语文学习的关注更是达到了前所未有的程度。从任务功能的视角看，语文教师的学情分析就是对学生已有基础、学习需求、学习状态及学习路径的分析判断，以此为依据进行教学目标的设计和学科教学知识的表征。但是从语文教师信息加工的视角来看，本研究更为关注语文教师完成这些任务的认知操作方式。其实，语文学情分析的本质就是在搜集学生学习状况信息的基础上，对学生语文学习基础、学习困难和学习发展潜力的判断活动。根据对语文特级教师专业发展分析、自述分析，结合对真实情境中语文教师的课堂观察和现场访谈，本研究归纳了几种语文教师进行学情分析的信息加工方式。

（一）通过学习状态直觉

在具体的语文教学实践中，语文教师很多时候都不做基于理性知识的推论，只是从学生本身的学习状态去判断学生的学习情况。在教学运行中判断对当时正在学习知识的理解水平、掌握水平，进而做出下一步的教学决策。这种情况在专家型教师身上表现得较为突出。斯滕伯格的专家型教师的原型观认为，专家型教师和新手教师的区别就在于专家型教师在教学中具备随时掌握学生学习情况的洞察力。在具体的教学中，学生的学习情况并不是随时都可以通过言语信息反映出来，由于课堂教学时间的有限性，语文教师也不能组织“专门”的学情分析环节，他只能凭借长期积累的经验去判断学生的学习情况。

这方面的内容，可以在语文特级教师的教学反思中找到相应的证据。语文教育家于漪老师曾说过这样的话：“因此，教师要走近学生，进而走进学生，教师不能只站在学生的外面观察，要站到学生的世界之中用心眼看用耳听，摸准他们的脉搏。教师要有眼力，要巨细不漏，越是细微之处，越不让它在眼皮底下溜走。就拿课堂教学来说，某个同学撇一撇嘴，某个同学脸上掠过一丝笑意，某个同学目光中突然出现某种异彩等等，全是心弦弹奏的信号。尽管那些细微的表情和动作转瞬即逝，教师如果迅速抓住，和彼时彼地彼事联系起来思考分析，就可窥见学生心中的那‘一角’，可以窥见他们对某些问题的所思所想，大至社会、人生，小到一句话语。教师要深入学生的心灵世界。”[①]这就是语文教师在课堂教学情境中通过学生学习状态对学生学习情况进行分析的具体反映。

本研究团队在大量的语文课堂教学观察中可以发现语文教师利用学生学习状态的细致观察进行学情分析的证据。有经验的教师往往注重课堂教学中的反应，他们的教学节奏是跟着学生的学习节奏进行，而不是按照自己的话语节奏进行。反观很多新手教师，尤其是在“求生期”的新手语文教师，在教学中往往不顾学生的反应，只顾自己将内容讲授完毕。当然，语文教师通过观察判断学生的学习情况也需要经验的大量积累。本团队曾经在一所学校的语文年级组做过一个多月的追踪研究，选择在语文年级组的办公室观察语文

---

① 于漪．于漪与教育教学探索[M]．北京：北京师范大学出版社，2006：39.

教师和学生的交流，其中重要的关注点就是语文教师和课堂表现不好的学生的谈心。首先，本研究发现和学生谈心的老师是经过一定专业发展时期的老师，新手教师和学生就知识学习谈心的情况较少；其次，通过分析谈话内容发现，新手教师和学生主要是学习态度方面的对话，而有经验教师和学生分析为什么产生课堂上的表现。另外，语文教师靠状态观察学生的学情分析也需要条件，就是语文教师需要跟这些学生“磨合”较长时间，建立一种“状态信号”传递默契后，才能更精准。在课堂观察中发现，即使是教学水平很高的语文教师，替别人上课或者换班之后，通过状态观察确定学情的自信心和精准度也会下降。另外，很多教师有时候过于相信自己的经验，没有结合其他的学情分析方式了解学生的学习情况，所以在教学实施中也会产生对学生学习情况的误解。这种沉溺于自己经验世界的情况，在工作时间较长的语文教师身上出现的频率较高。

通过课堂观察和直觉迅速分析学情对提升教学效率具有重要的意义，这主要是语文教师长期积累经验基础上构建的心理模型在发挥作用。如果语文教师拥有完善且无缺陷的心理模型，那么他通过观察直觉这种方式所做出的学情分析就较为准确。反之，如果语文教师建构的心理模型有缺陷，那么判断的准确性会打折扣，或者产生误解。

（二）通过学业水平推测

通过学生的学业水平推测学生的语文学习水平是语文教师最常用的学情分析方式。本研究团队在与一线语文教师的日常交流中经常可以获得其学情分析方式方面的信息。他们可以通过纸笔测验、学生作业、课堂表现等途径获得学生学业水平方面的信息，通过这些信息分析判断学生的学业水平。语文教师通过学生的学业水平推测学生的学情分为两部分信息加工流程，第一部分是收集信息，通过能够反映学生学业水平的方式根据一定的标准确定学生的表现；第二部分是根据学生的学业表现推测学生学习的基础、困难和未来的可能。

语文教师信息收集方式的科学性、评价标准的合理性决定着语文教师通过学业水平推测学生学习情况的准确程度。影响语文教师信息收集能力和评价标准的因素很多，其中语文学科知识、关于学生学习的知识和教学评价知识是决定性因素。本研究以最常见的朗读素养学情分析为例阐述这个问题。本研究团队所在的地区为晋方言区，当下语文教师的普通话基本上具备二级甲等的水平，但是各地学校进行普通话教学的情况也确实良莠不齐。根据大量在县一级中小学的课堂观察，本研究发现大部分语文教师对学生朗读素养的学情分析并不精准。在研究过程中，首先排除那些用方言教学的老师，因为这些老师本身教给学生的就是错误的朗读引导，没有学情分析的研究条件。当我们的实习生进驻实习学校后，这些使用方言教学的语文教师就直接将朗读指导的任务交给了实习生。在使用普通话教学的老师中，本研究从朗读教学环节师生之间的交流中可以获知，大部分语文教师并不能通过学生的朗读表现对学生的朗读水平、问题所在和改进之处做出合理的判断，这是影响所在地区县级中学朗读教学有效性的重要方面。这些语文教师对朗读素养知识的构成并不清晰，例如朗读的普通话语音规范、重音、节奏、曲调、押韵、情感、姿态等方面的内容性知识、实体性知识和句法性知识。因为语文教师不能建立这一套知识体系，所以无法判断学生的朗读素养水平，无法判断学生出现问题的障碍点，更无法指导学生提升朗读素养。其实朗读教学知识的建立，在所有的语文教学知识中是相对容易的，因为朗读素养的知识体系相对固定，评价标准体系也较为成熟，但是目前大部分语文教师相关知识的建构不尽如人意。另外，朗读水平测试的工具量表已经非常成熟，可以方便语文教师建立评价性知识帮助自己提升学情分析的精准性，但是本研究在职后教师培训中发现，语文教师很少用精准的量表体系对学生的朗读水平进行分析。本研究在这里并不是批评本地县级中学语文教师的朗读教学水平，只是以此为例说明语文教师的学科知识水平对学情分析的重要意义。

上述例子中的学科知识和评价指标相对成熟，语文教师只要掌握了相关的知识体系，建立一套相对完善的评价体系也相对容易，但是一些认知领域的评价体系建构就较难了，语文教师要建立相关的评价标准也较难。如果说以往以考纲为中心的评价体系是语文教师学情分析的知识依据的话，那么今后学生语文学业发展质量将是学情分析的理论依据，语文教师需要关注相关知识，提升自身语文学情分析的准确性。

（三）通过对话交流共情

通过学业水平测试推测学生的学情有点类似于教育学研究中的量化研究，而通过对话交流共情与质性研究相似。通过学业水平测试获得的信息是结果性信息，对学生学情的判断主要靠语文教师自身学识的推断，这种学情分析的信息加工技术很难走入学生的内心。所以，语文教师借助自己的情境优势，以自己作为研究工具，走入学生的语文学习现场，精密透视学生的语文学习情况。前文关于学生知识的分析和语文学科知识教学化的阐述中涉及特级教师学情分析的例子，从中可以看出优秀的语文教师善于通过与学生的交流了解学生学习的方方面面。这种学情分析的有效性与语文教师对自己语文素养发展反思的质量水平密不可分。

20 世纪 80 年代，著名的语文特级教师钱梦龙的“三主四式语文导读法”被争相模仿，但是成功之人凤毛麟角，所以语文教育界很多老师感叹“中国只有一个钱梦龙”。人们也反思特级教师的教学模式为什么很难被迁移，可能的原因是，很多学校和老师只是学到了外在的形态而忽视了语文教师内在信息加工方式的学习。以钱梦龙为例，从其自传和相关研究性文章中可以获知，他构建的教学模式是基于自己对学生的了解，而自己对学生的了解又是基于自己的专业知识发展经历，而他又用这种宝贵的经历反哺了学生。在一篇文章《教学艺术的“灵感之源”》中钱梦龙老师回忆了一段教学经历，现摘录部分段落如下：

这是我刚接手的一个初二“双差班”。

今天这堂课，要对新学期的第一篇作文做一些“讲评”。其实，对那些“文章”我除了打分之外，大部分没有仔细看，倒不是偷懒，而是实在看不懂。句子不通倒不是主要障碍；单是那些缺胳膊少腿的“蟹爬式”文字以及文字之间莫名其妙的组合关系，就让你头晕得没有勇气看下去。

……

“哈哈！85 分，我得了 85 分！”

“老师，你寻什么开心，凭我这个水平，90 分像吗？”

“我这篇作文，天晓得写了什么，也得了 80 分，老师，寻开心可不作兴！”

这些往常“吃”惯了 30 分、40 分的学生，一下子得到了“优秀成绩”，当然无法接受眼前的事实，结论只能是“老师在跟他们闹着玩”。

……

我郑重其事地说：“在学习问题上，老师从来不开玩笑。打这些分数，我都是经过慎重考虑的。我相信我打得正确。你们的作文完全符合我提出的两项要求，得 90 分以上的作文，还超出了老师要求的标准。”

原来，在前两天的课上，我对这次题为“我的一家”的作文提出过两项要求：1.标题必须写到第一行的正中；2.文章要分段，家里有几人就分几段，每段起始必须空两格。我对学生说：“我是十分严格的，提出了要求就必须不折不扣地做到。现在我担心的是，你们没有能力做到这两点。”当时他们都笑着表示“你太小看我们了！”

……

现在的问题是：当时我是凭什么找到这把“心灵的钥匙”

的？说出来真是“不值识者一笑”：因为我自己有过当“差生”的体验，因此我最了解“差生”的心理、指导他们的需要和愿望，也关切他们未来的命运。我不想可以追求什么教学的“艺术”，我苦苦琢磨的，是怎样用自己的心发现他们的心，用自己心中的火点燃他们心中的火。我实现了自己预期的目的。

如果仅从上课形式看，采取其他研究范式，也许只能看到钱梦龙的行为艺术，但是如果走入钱梦龙认知思维的世界，显然就能对背后原因进行深入探究。其实结合钱梦龙的其他自述不难获知，钱梦龙因为自己的学习经历，他对学生学情十分了解，这种了解的方式之一就是在对话中“以己度人”，发现学生学习过程中最隐秘最微观的世界，往往能够做出最具针对性和最有价值的教学问题解决之道。

学情分析是语文教师的日常教学信息操作，本研究所归纳的三种方式可能都在被老师使用，但是水平一定有差异。从本研究的分析中可以看出语文教师学科教学知识在学情分析中发挥的作用，学生本身作为情境也会反作用于语文教师学情分析能力的发展。语文教育领域以往的学情分析往往只关注外在操作，没有进入认知信息加工的视角，没有在“教学相长”的视角深入探究语文教师学情分析能力提升的问题。这个问题需要语文教育研究者在今后的研究过程中继续关注。

三、各层次语文教学目标设计

语文教学目标可以划分为学段目标、单元目标、课时目标、课段目标等。目前各版本语文教学论和教学设计论的教科书基本上按照语文教学目标设计的内涵、依据、程序、表述、样例分析等角度探讨语文教学目标设计的问题。这种话语表达方式与语文教师具体的教学操作之间的距离较远，往往很难真正做到帮助语文教师科学进行教学目标设计的目的。本研究力图从更贴近语文教师在教学中真实思维的角度探讨语文教学目标设计的问题。

在真实的教学情境中，教师在目标设定中一般基于两个向度的思考，一个是“量”的向度，一个是“质”的向度。因为目标总是指向学生的学习程度，不管我们从知识与能力、过程与方法和情感态度价值观的视角设计目标，还是从价值观念、必备品格和关键能力视角设定教学目标，语文教师也不例外。那么，理想化的语文教师教学目标设定工作，在信息加工的视角，就是对各个学段课程中学生学习程度“量”与“质”要求的持续性切分、排序与表述。但是，在现实中，不是所有语文教师都能做到。以下的探讨，本研究力图从信息加工的视角，建构一个语文教师理想化的教学目标设计构成要素结构维度。

（一）语文素养水平的划分

在经典课程理论中，学校将帮助学生达到什么样的目标是课程四个基本问题之一。在课程制度方面，本研究也倡导要重视分学段进行语文素养目标的表述。现行的《全日制义务教育语文课程标准（2011 年版）》（见表 9）在“总目标”中阐述了初中毕业学生应该达到的基本素养标准，并且在学段“目标和内容”中阐述了各个学段的素养达成要求。《普通高中语文课程标准（2017 年版）》（见表 10）因为以任务群为中心进行整体的课程内容设计，所以整体的素养要求是以学业质量标准的形式体现的。在国家课程制定之初，从政策层面想让语文教师从语文素养水平划分的视角进行教学目标设定。但是，综合相关研究可以看出一些问题，国家课程制度层面的学生素养层级的划分是较为宏观的，而且是抽象的。在理论上，语文教师需要结合具体的课程内容，并且依据自己所处情境的学生情况，将国家制度层面的素养层次划分要求转化为自己对某个学段学生语文学习素养的体系化理解。

表 9 《全日制义务教育语文课程标准（2011 年版）》识字写字部分的目标和内容

识字写字课程目标与内容			第一学段	第二学段	第三学段	第四学段
知识与能力	数量	识	1600 个	2500 个	3000 个	3500 个
		写	800 个	1600 个	2500 个	
	识字		学习独立识字	初步独立识字能力	较强识字能力	用工具独立识字
	姿势		姿势正确，书写规范	姿势正确	姿势正确	姿势正确
	写字		硬笔写字	硬笔写正楷、毛笔临摹	硬笔加速写正楷、毛笔写楷书	正楷为基础学写行楷
过程与方法	识字工具		借助拼音读汉字、学会用检字法查字典	会运用检字法查字典	熟练运用	会多种检字方法
情感态度价值观	兴趣		喜欢汉字	对汉字有浓厚兴趣	热爱	热爱
	习惯		努力养成良好的写字习惯	有良好的书写习惯、识字习惯	有良好的书写习惯	有良好的书写习惯
	美学		初步感受汉字形体美	—	汉字的优美	书法审美价值

表 10 《普通高中语文课程标准（2017 年版）》学业质量水平阐述示例

素养	水平及具体描述	
语言积累与建构	水平 1	有主动积累的意识，不断扩展自己的语文积累，能对学过的各类言语材料进行归类，留心观察生活，记录对生活的观察和感受。
	水平 2	具有主动积累的习惯，能进一步扩展语言积累，运用多种方法整理自己积累的语言材料，发现其中的联系。
	水平 3	在扩展和整理自己语文积累的过程中，能发现联系，探索规律，尝试结合具体的语言材料，说明自己对语言运用规则的理解。
	水平 4	不断扩展自己的语言积累，自觉整理在学习中获得的语言材料和言语活动的经验。

续表

素养	水平及具体描述	
语言积累与建构	水平 5	有探索语言运用规律的兴趣，能主动收集、整理、探索生活中常见的语言现象；能发现所学的语言文字作品中的各类联系。对学过的重要作品和具有典型性的语言材料进行分类整理，加深自己对各类作品的理解和领悟。

目前，通过文献研究可以看出，有的语文教师可以参照语文课程标准细化自己的教学目标设计。北京师范大学二附中的李煜晖老师是落实《普通高中语文课程标准（2017 年版）》的代表性教师。李煜晖在《略谈整本书课程方案的设计》一文中，对语文教师落实国家课程制度提出过这样的看法："整本书阅读应该设立总体课程目标。目标要具有整体性、综合性，在一个相对完整的课程周期内循序渐进地达成。新课标提出'语言建构与运用''思维发展与提升''审美鉴赏与创造''文化传承与理解'四项核心素养，它们是确立整本书阅读课程目标的重要依据。我在实践中做了进一步调整。首先，从三个育人维度确立语言、思维和价值课程目标。语言目标对应'语言建构与运用'，思维目标对应'思维发展与提升'，价值目标对应但不限于'审美鉴赏与创造''文化传承与理解'。其次，不同类型的实践活动对课程目标的达成具有不同意义。语文实践活动包括阅读与鉴赏、表达与交流、梳理与探究。'梳理与探究'具有内隐性，在撰写课程目标时可以融入另外两种活动。综上，我确立的课程目标框架为：基于阅读与鉴赏、表达与交流两种实践活动来达成语言、思维和价值三个课程目标。在描述目标具体内容时要注意因书册而异，因学情而异。"[①]从这一段话语表述可以看出，李煜晖老师具有将课程标准的制度性话语转化为自身利用整本书教学培养学生语文素养的实践话语，并且在课程目标设定中思考学生素养的层次性和系统性。

① 李煜晖. 略谈整本书课程方案的设计[J]. 中学语文教学，2017（2）：8-10.

本研究在对一线语文教师的访谈和观察中发现，能将学生的素养进行细致切分的语文教师较少，但是能从学生发展的视角思考课程内容安排的教师还不少。例如，在调查研究中获得这样的信息："我会根据课程标准和初一、初二、初三教材的编排，计划性地安排教学，同时我也会根据学生的基础进行相应的调整。在具体的教学中，你会发现有的孩子上初中都不会拼音，这样的孩子基础太差了。一部分尖子生还是不错的，大致可以按照预先的规划进行教学。"通过这样的信息，本研究认为这样的教师还是有意识地进行学生语文能力的细致切分，这是教学设计的重要信息加工方式。在具体的研究中，能做到这一层次的语文教师不在少数。

不管是文献中获知的专家型教师对学生语文素养层次的划分，还是一线教师的教学目标系统计划，这些老师都有点面结合的语文素养划分方式，即语文教师既从整体上进行学生语文素养的细致预设，也会结合学生的特殊情况进行针对性的调整安排。

语文教师在学生语文素养划分层面的教学目标设计加工并不是抽象的，目前的教学环境下会伴随着对教学文本的解读设计具体化的教学目标。本研究将语文教师结合具体的教学文本思考学生语文素养层级问题的信息加工过程称为"教学文本的评估"。这里使用"教学文本"概念代替"课文"，是因为在未来信息大爆炸的时代，语文教师帮助学生发展语文素养所凭借的文本绝不会仅仅局限于教科书中的课文，"语文教学文本"应该是能负载这一内涵的术语。

（二）教学文本价值的评估

语文教师在具体的教学目标设计中，面对特定的教学文本，会对其价值进行评估，在此基础上设定与具体教学内容相结合的教学目标，将凭借具体的文本材料发展学生的语文素养变成可能。

在单篇文章的教学中，语文教师确定一篇课文特定教学价值的认知过程本身就包含着将学生素养发展和具体教学内容融合的思考，以此来确定语文教学目标的过程。一般语文教师会结合诗歌和散文等韵律性强的文本帮助学生获得朗读能力的发展，借助新闻类文本帮助学生获得信息获取能力的发展，并且会将这些素养发展的层次布局到一定的实践安排中。语文特级教师郑桂华等人在这些方面的意识就很强。这种信息加工范式的表现在各种文献和中小学语文教师的备课行为中随处可见。语文教师只有执行了这样的信息加工过程才能编制出例子中的教学目标：

在精读两遍课文的基础上，学生能够找出对林黛玉肖像进行描写的语句，并能用几个关键词概括林黛玉外在形象的特点。

目前高中语文课程改革中，语文教师在任务群教学中也需要将相关素养目标与具体的文本相结合进行融合性设计。为了思维的连贯和更能够说明问题，本研究还以李煜晖的整本书课程目标设计为例进行分析。以下是样例：

活动类型一：阅读与鉴赏

1. 语言目标。熟练运用工具书搜索识记该书和相关文献中的生僻字词;分析鉴赏鲁迅小说中常见的修辞手法和表现手法，并准确理解语言背后的思想情感，评价其表达效果；感受鲁迅小说忧愤深广、沉郁警拔的语言风格。

2. 思维目标。在阅读、鉴赏鲁迅小说过程中提高问题探究能力：能够主动积极地提出问题、分析问题和解决问题，形成自己独到的观点；能够综合、归纳鲁迅小说中同一类型的言语现象或文学现象，发现这类现象中寄托的作者思想；能够将不同领域、不同时代的问题或现象关联起来，比较其差异性和关联性。

3. 价值目标。学习鲁迅致力于国民精神启蒙与改造的情怀，培育对国家和社会的责任感和使命感；学习鲁迅不畏强权、关怀弱者、仗义执言的独立人格，培育正义感和道德实践的勇气；学习探索求真的思想方法，做一个爱思想、会思考的人。

活动类型二：表达与交流

1. 语言目标。能够准确表述阅读过程中发现的问题，用简明的语言概括问题探究活动中形成的观点和见识；书面表达要遵循一定的写作规范，做到主题鲜明、结构紧凑、语言简洁生动，形成共计不少于一万字的学习成果；口语表达考虑听众的感受，力求做到限时完成、话题集中、自然流畅、生动活泼、肢体语言得体。

2. 思维目标。在撰写研究论文或研究报告的过程中，通过锤炼语言来凝练思想，做到“词能达意”“要言不烦”；在语句之间和段落之间，能够合理安排先后顺序；在论述和评价的过程中，不用臆断替代思考。能够立足文本、文献，用证据说理，清晰展现自己得出的结论及思维过程。

3. 价值目标。通过循序渐进的、富有挑战性的书面和口头表达任务，培养学生主动学习、迎接挑战、克服困难的品质；在不同阶段的交流、展示和汇报中，培养阳光自信的心理和尊重他人的态度。①

从这个样例也可以看出，课程目标设计者将学生素养发展与具体的文本相结合，才能具备教学实施的可能性。

理想的状态下，在教学目标设计中，除了要针对性切分素养层次并依托文本设计与教学内容学习融为一体的目标形态，语文教师还必须要思考学生达到这样目标的条件，也就是学生如何在与教学文本的互动中实现所设置素养程度的达成，这也是当代语文教育对目标设计的要求。本研究将语文教师思考“学生如何在与教学文本的互动中实现所设置素养程度的达成”这一信息加工过程称为“主体客体互动的统筹”。

① 李煜晖. 略谈整本书课程方案的设计[J]. 中学语文教学，2017（2）：8-10.

（三）主体客体互动的统筹

旨在帮助学生达成所设置素养程度，语文教师须思考学生的学习方式、方法和策略。如果缺少了这一环节，“授人以渔”的这一语文教学目标就无从谈起。本部分以一个职前语文教育中的行动研究为样例，分析语文教师设定目标主体和客体互动的统筹安排过程。这个职前语文教师虽然是在缺乏情境的状态下进行的教学目标设计，并且缺乏“语文素养切分”这一加工过程，但是在表现主体客体互动的统筹方面较为典型。

这名职前语文教师针对《祝福》中祥林嫂的人物形象分析做相应的教学目标设计，情境是单元内的单篇文章教学。最初的教学目标设计为：

> 1. 通过找出小说对“祥林嫂”进行的三次肖像描写，说出发生的变化，准确概括祥林嫂这一人物形象，能够说出其典型性格特征和心理变化历程。
>
> 2. 通过对“祥林嫂”来到鲁镇前后发生的外貌变化，分析概括出小说主题。

针对这个教学目标设计，指导教师给的意见是：将小说的人物形象分析作为《祝福》一课的教学内容是可以的，但是在目标中没有显示祥林嫂人物形象的特质，另外，其中所列的“三次肖像描写分析”无法完全实现“概括人物形象”的程度目标，通过“祥林嫂外貌的分析”更是无法概括出“小说的主题”。这位职前教师根据指导教师的意见，将教学目标修改为：

> 1. 通读全文，找出小说对“祥林嫂”进行的三次肖像描写，能准确概括祥林嫂这一人物形象。
>
> 2. 结合小说社会时代背景，能够阐述“祥林嫂”内心进行“自我救赎”的心路历程。

本次修改后的教学目标设计有两个目标，一个指向人物形象分析，一个指向情节分析。指导教师的意见是：第一个教学目标设计，通读课文是可以实现找出祥林嫂三次肖像描写的目标，指向的素养程度是信息筛选和归纳能力。但是后面概括祥林嫂的人物形象与前两句的目标描述结合的紧密度不够。第二个目标设计相对较好，但是也有一定的问题，"结合小说的社会时代背景"表述不严密，阐述这个行为动词用得也不好。这位职前语文教师结合指导教师的意见又一次对教学目标进行了修改：

> 1. 通读全文，找出小说对"祥林嫂"进行的三次肖像描写，能合理评价三次肖像描写对塑造祥林嫂这一人物形象的作用。
>
> 2. 通过联想和想象，还原小说的社会时代背景，结合自己的生活体验，可以有理有据推测"祥林嫂"内心进行"自我救赎"的心路历程。

本研究从指导学生进行文学鉴赏的视角，将培养学生的鉴赏方法作为目标进行设计的话，最后一次修改的教学目标表述更好。

在教学目标设计中，三个维度的信息加工可以是平行的，也可以是线性的，但是平行加工的可能性更大。

四、语文教学流程的设计

目前高等师范院校通用语文课程与教学论教科书中，语文教学流程设计这一章节一般包括如下内容：教学流程的概念、世界著名教学流程观、语文教学典型流程归纳、教学流程案例分析。本研究在长期的职前语文教师教育和职后语文教师培训中发现，如果向这些语文教师分享诸如四阶段教学程序、掌握学习的教学程序、五环节教学程序、发现学习教学程序等理论，职前语文教师和新手教师中可以真正设计出针对性流程的人很少。到了一定专业发展阶段的教师，面对这些理论通常会思考自己的教学“暗合”了哪种教学流程理论，但是在实际操作中也不会有意识地使用这些理论。教科书中的教学流程设计理论多为结果性的教学流程模式理论，语文教师的学习方式只能是理论的理解、言语记忆和模仿，距离转化语文教师使用的理论较远。但是，根据本研究大量的语文教师培养经验，语文教师的教学流程设计总是在“时间规划”中完成，基于不同的教学任务，语文教师的教学流程设计就是想办法把上课时间“填满”的过程。基于这样的前提，本研究通过文献梳理、课堂实录观察和调研，特归纳了三种具有代表性的教学流程设计操作方式。

（一）内容线性布局

本研究将内容线性布局作为第一种语文教学流程设计信息加工过程进行探讨，是因为在大量的职前教师教育和新手教师培训中发现，在教学流程设计诸要素的综合考量中，首先考虑的是如何将内容合理地分布到时间中。有经验的教师在以知识为中心的授课设计中，也常采用这种教学流程设计信息加工方式。

内容线性布局就是语文教师思考将准备好的教学内容用一定的传播手段置于一定时间中的教学流程设计认知操作方式。

本研究在职前师范教育中发现，大多数中文专业师范生在技能训练之前的备课环节一般会采用两种策略：一种是对已有课堂教学的“拷贝”；一种是基于自身知识的自主教学设计。使用第一种策略的学生，会将已经在一定流程中的内容返回课文中去理解和印证，根据自己的能力和水平增删相关内容，其实在这个信息加工过程中，学生并没有真正进行教学流程设计。采用第二种策略的学生，他们会通过自主的文本解读和文献资料阅读，在相似建构语文教学知识的基础上实施教学。在技能训练的开始阶段，采取后一种做法的师范生在教学方式方法、教学手段使用、教学组织设计方面反而不如前者，而采用第二种方法的学生教学内容的丰富性往往是强于前者的。采用第二种策略的学生教学设计信息加工过程的首要预期是，充分准备指导教师所要求时间的内容，并且将这些内容安排在先后关系中，主要的内容传播方式就是讲授。其中有的学生甚至将准备好的讲稿背出来，以“在规定时间内背完”或者“一定要背到多长时间”为完成任务的指标。基于这些观察，本研究认为，在一定专业发展阶段，语文教师存在着内容线性安排的教学过程设计方式，而且不在少数。

本研究认为大多数职前语文教师和职后新手语文教师，由于自身语文学科知识体系本身不完善，学科知识向学科教学知识转化不充分，出现这种教学流程设计方式也属正常现象。本研究团队在专业发展阶段初期的语文教师教育中，还是提倡自主的教学设计，反对“备份式”教学设计策略。基于此，本研究倡导在具体的教师教育中，首先强化在时间流中知识之间的结构性，逐渐鼓励学生在讲授的过程逐渐加入一些提问、讨论的环节，让学生建立学科知识和教学法知识融合的意识。经过一段时间的培养，中文专业师范生虽然还是采用在一定的时间中统筹安排内容的教学流程设计策略，但是呈现学科知识的手段会更为丰富。

（二）教学模式完型

教学模式完型的教学流程设计就是语文教师按照预定的教学模式，将其他教学要素置入其中的信息加工过程。通过对新手语文教师专业发展的观察，结合语文教师面对教学模式改革转型期的表现，本研究发现语文教师在教学流程设计时普遍有教学模式完型的信息加工特点。

新手教师被编入一个学校语文学科组和语文年级组，就要融入这个学校的语文教学文化，这个学校的教学风格和传统就会在语文教学流程模式中表现出来。当新手教师身边的同事大多采用一种教学流程方式的时候，他就会不自觉地将自己的教学内容置于这样的流程中，或者为了迎合一定的教学流程重塑自己的语文学科教学知识结构。这种现象非常普遍，本研究举例进行阐述。

本研究团队曾带师范生到一所县级全封闭住宿制私立学校实习，这所学校所有学科实行“学案制教学模式”。具体到语文学科，他们按照当地中考的考点，规定了一个教学流程的模板，语文教师必须严格按照模板进行教学设计。这个模板的具体内容依次为“解题—背景知识和作者介绍—字词解释—课文内容梳理—重点语句分析—中心思想归纳—语言能力训练”。上课之前，这所学校要求语文教师轮流做学案，需要在A3纸上将学案的内容正反面印制给学生。在教学中，这所学校语文组对学案每一个内容都做了教学方法的要求。本研究团队带领的实习生全程参与了语文学案的制作和教学过程。对于学案教学这一教学理念，实习生虽然在理论学习中早有了解，但起初这种限制性还是让他们很不适应，不过，既然实习学校有规定，实习生也得按照固定模式完成教学流程中规定内容的填充。

即使是有经验的教师，也会使用教学模式完型这种信息加工方式。这有可能出自自身的教学理念，也可能受教学制度的制约。本研究发现具有自我教学风格的语文教师，往往都有自己较为统一的教学模式，自己的教学流程设计就是对自己倡导的教学模式的完型，这种现象在语文特级教师中很普遍，这里就不做更多的阐述。

语文教育领域可以更多关注在教学制度下语文教师教学模式完型的教学流程设计。本研究在内蒙古自治区某市某区的几所高中听课时发现，该地区几乎所有的高中都是用目标教学法的教学模式。这一模式大致为“设定一个任务目标（或者提出一个问题）—提出完成要求和时间要求—教师巡查和指导—学生汇报完成情况—语文教师检测和反馈”的循环。本研究团队在几所学校所听的课虽然有些细微的区别，但是大体都是这样的教学模式，一所学校内部的教学模式则更为统一。

通过以上经典的案例分析，本研究认为，教学模式完型是一种普遍的语文教师教学流程设计方式。需要完型的教学模型来自他校成功的经验、教学研究成果或者是教研领导的经验总结。在这种认知操作形式下，语文教师的教学流程设计往往受当地教学文化的影响较大，该信息加工过程就是对已有模式的完型。越是语文课程决策民主化较低的地区，这种情况就越普遍。但是，新手教师在入职初期普遍较为喜欢这种制度化的教学流程设计文化，因为他们觉得这样“好上手”。

（三）素养发展驱动

语文教师以学生语文素养的序列性发展为中心，统筹自己在一定时间内的教学要素安排，就是素养发展驱动式的语文教学流程设计信息加工过程。

在倡导语文核心素养和语文深度学习的课程改革背景下，以素养发展驱动为主的语文教学过程设计是当前语文教学流程设计研究者主要倡导的信息加工模式。如果语文教师按照“感知—理解—鉴赏—迁移—创造”这样的学生纵向能力发展结构思考语文教学流程的设计，那么其就是在使用以素养发展驱动的教学流程设计信息加工模式。语文教师在具体的信息加工过程中，可能以问题、活动、任务、项目等为基点构建时间序列，因为学生的素养发展有一定的规律性，所以语文教师可能会对学生素养发展的理解进行一些模式化的操作，也可能产生新的教学模式。例如，洪镇涛的语感教学就是依据“语感—语理—语用”循环影响的原理构建了一套完整的教学模式。这套教学模式成为语感教学经典的教学模式，也成为洪镇涛语文教学流程设计的重要依据。基于学生语文素养发展驱动设计教学流程，需要语文教师以对学生语文学习知识的精深掌握为基础。

语文教学流程的设计是语文学科教学知识的综合运用，因为本研究的话语体系指向不是对语文教师提出要求，而是描述语文教师进行语文教学流程设计时的信息加工特点，所以没有从教学组织、教学方法、教学媒介等视角阐述相关问题。本研究理论构建的价值更多地表现为语文课程与教学研究视野的拓展，提出的每一个理论建构点，都有结合相关要素继续进行探究的广阔空间。

五、语文教学监控系统

（一）语文教学监控的内涵

语文教学监控，指的是语文教师为达到其教学目标，保证其教学质量，在语文教学的全过程中将教学活动本身作为对象，不断主动地进行计划、检查、评价、反馈、控制、调节的自组织过程，包括语文教师对各教学要素在各时段针对不同学生所做出的各种不同程度的监测、调控。而狭义上的语文教学监控，指的是语文教学监控中的即时监控，是语文教师在语文教学课堂上针对教学对象，对语文教学目标、教学内容、教学方法等即刻实施的发现、判断、修正和调节行为，也是一个即时的自组织过程。语文教学是一个在复杂情境中不断演进的动态系统。语文教学监控是保证语文教学顺利进行的关键环节，为了能及时矫正教学过程中出现的偏差，实现语文教学的目标，保证语文教学活动有序、高效地进行，语文教师必须执行语文教学监控的认知操作行为。

（二）语文教学监控的基本特点

1. 自控性

自控性是语文教学监控的本质特征。语文教学监控是语文教师根据语文课堂教学实际独立自主、自觉地从事和管理自己教学活动的过程，其开展、实施的基础在于语文教师不断自我监测和自我调控，没有了教师的自控，就没有语文教学的监控。

2. 即时性

语文课堂教学活动往往具有不确定性、灵活性、生成性的特点，教师、学生、教材在课堂教学中的对话，易生成新的教学内容，这些都超出了语文教师的预设。基于这样的特点，语文教师必须要根据课堂的实际状况即刻做出反应和调节，及时调整教学行为与教学目标之间的偏差，优化教学效果。由语文教学的不确定性、灵活性、生成性等特点所决定的教学监控的即时性，也是语文教师教学监控独有的特点。

3. 适度性

语文教学活动的不确定性、灵活性、生成性等特点，使得语文教学较其他学科教学来说，更具有动态的特征，课堂中不可控的因素较多。若在教学中进行低度监控，往往使得课堂教学变得无序和混乱，偏离教学目标；若进行高度监控，又容易导致课堂死气沉沉，失掉了语文本身的活力和生成性。因此，在时间、程度和范围等要素上都要进行适度的监控。语文教师在实施调控行为前应考虑控制的范围是个体、小组还是全班；在调控力度上，语文教师应根据学生对象、具体事件、场景气氛等不同，区别对待；在调控频度上，语文教师也要注意调控间隔的时间和次数，避免过于频繁而影响正常教学和不闻不问两种极端行为。

（二）语文教学监控的类型

根据教学监控的对象，语文教学监控可分为自我指向型和任务指向型。

1. 自我指向型

自我指向型监控指的是语文教师在教学过程中以自己的情绪、态度、意志为监控对象，对自己的教学理念、教学兴趣、动机水平、情绪状态等心理因素所做出的自我监督与调节，使自己始终以积极向上、充满活力的状态面对学生，用自己积极的情感状态去感染学生的监控方式。表现为语文教师的自我检查和分析、主动纠正教学行为偏差、形成教学心得总结、不断更新语文教学观、通过理论学习和教学反思提高自身的教学监控能力等。

2. 任务指向型

任务指向型监控指的是语文教师以教学活动为监控对象，对语文教学目标、教学内容、教学策略、教学过程、教学媒介以及学生状态等外在的操作因素所进行的监测与调控。按照监控对象的不同，任务指向型语文教学监控可分为以下两种。

（1）教学过程中“教”的监控

对教学过程中教的监控是语文教师针对各教学要素，如教学目标、教学内容、教学过程、教学策略等所实施的监控。

（2）教学过程中“学”的监控

学生既是教学监控的对象，也是教学监控的主体。一方面，语文教师要监控学生的学习情况，了解其在语文教学过程中掌握的语文知识、语文技能和所获得的审美体验等；另一方面，语文教师还应给予学生充分的自由，让学生拥有自我监控的权利，通过监控发挥与调动学生的自控作用，实现元认知水平的提高。

（三）语文教学监控的机制

一般来说，教学监控可以分为自我检查、自我矫正和自我强化三个层级，语文教学作为课堂教学的一个分支，其监控机制的发生同样离不开这三个部分。

1. 自我检查

自我检查指的是教师对自己教学活动进行有意识的、自觉的检查、审视和评价的过程。它是教师对自己教学活动的一种敏感反应，是教师对自己教学活动进行有意识监控的开始阶段。语文教学监控中的自我检查，体现出语文教师对自身情感态度、专业素养、师生关系、教学方法等维度的审视和考量。

2. 自我矫正

自我矫正是教师在自我检查的基础上，对自己教学活动中存在的问题所进行的主动纠正、改进和调节的过程，是教师教学监控能力的外在体现。语文教学监控中的自我矫正体现在教师修正教学观念、调整教学目标、改变教学策略、控制教学节奏、调节教学氛围等方面。

3. 自我强化

自我强化是自我矫正过程的延续，在这个过程中，教师主动寻找自我强化的方式和手段，以期巩固自己已经出现的好的教学行为，并防止旧有问题重新出现，这是教师教学监控过程的一个循环。例如，古文教学强调背诵、作文教学强调生活、阅读教学强调体验等做法，都是语文教师监控教学、强化教学成果的体现。

（四）语文教学监控的实施

语文教学监控属于一个系统工程，其系统结构内因素众多，涉及的内容既包括自我指向型教学监控涵盖的要素，也包括任务指向型教学监控所涵盖的范围。根据“教”与“学”两大维度，语文教学监控的内容可分为对“教”与“学”的两类监控。

1. 教师对自己“教”的监控

首先是教学目标的监控。语文教学目标的监控指的是语文教师有意识地对教学目标进行明确、强化或修正，使教学目标更符合教学实际的行为。语文教学目标控制着语文教学的行为与过程。新课标规定，语文教学目标有三个维度，即知识与能力、过程与方法、情感态度价值观。而在语文教学中，这三个维度往往不是分离的，是融合在一起的。因此，在语文教学目标监控过程中，语文教师应尤其关注预设目标的操作性和现实教学活动对目标的偏离等问题，在有问题时及时调整、纠正。根据教学目标涵盖的时间跨度，语文教学目标的监控分为现场目标的监控、近期目标的监控、中期目标的监控和长远目标的监控。其中，现场目标监控指的是教师在课堂教学中，对一堂课甚至本堂课某个环节的教学目标的强化、调整或修正；近期教学目标监控指的是对近阶段（比如某个单元）语文教学目标的调整；中期目标的监控指的是对某一学期或学年语文学习目标的改造创新；长远目标的监控是对学生某一学习阶段语文学习目标的重新规划与修订。

其次是教学进程的监控。语文教学进程监控是指语文教师在教学过程中从教学时间、教学容量、教学难度、教学节奏等角度对各要素进行的观察、判断、调整和修正。具体而言，教学监控表现在以下几个方面。①教学时间的监控。由美国哈佛大学教授卡罗尔（Carrol）等人提出的时间因素理论认为，时间是影响学生学业成绩的独立变量，只要给予足够的时间和帮助，几乎所有学生都能达到优秀的水平，几乎所有人都能学会一个人在世上所能学会的东西。当下的语文教学中，学生积极学习的时间少、专注学习的时间不够、教学时间的分配不合理等问题频频存在，故语文教师应注意时间规划的有效性，发现时间耗损的补救方式，提高时间利用率。②教学容量的监控。教学容量的监控是指语文教师在教学过程中，基于教学目标的改变与生成，根据教学活动的情况与学生活动的实际需要，对教学内容的信息容量进行调整，以适应实际课堂教学的过程。根据语文教师对教学内容调整的情况，语文教学内容监控可分为：增加教学内容、删减某些教学内容、调换教学内容、编排组合教学内容等。③教学难度的监控。教学难度的监控指的是，语文教师根据教学目标和所掌握的学生情况，对教学内容的难易程度所做出的调整与修正。例如增加辅助性说明材料、调整讲课顺序、更换教材等。对语文教学难度进行监控，使之符合学生心理接受规律，有助于学生更好地掌握教学内容，提高教学效果。④教学节奏的监控。教学节奏的监控指的是语文教师在课程教学中，对自己的语言、举止的强弱、张弛、疏密、起伏等做出的调节与控制。在教学设计时，语文教师通常会考虑到教学节奏的张弛有致、疏密有法、高低错落、起伏和谐等问题。然而，课堂教学的随机性需要教师根据学生需要及时做出调整，因此，语文教学节奏的监控考验着语文教师的即时反应能力。监控语文教学节奏，有助于提高教学效率，更好地引导学生的学习思路。

再次是教学氛围的监控。语文教学氛围的监控指的是语文教师对语文课堂中师生之间、生生之间互动关系与精神状态的情境的调控。美国教育心理学家库宁（Jacob Kounin）的涟漪效应理论认为，教师应该知道教室里任何时刻、任何角落的每一件事情，并要通过适当的方式将这种信息传达给学生。教师对某一学生不良行为的纠正，会影响邻近学生的行为。因此，在语文教学过程中，语文教师需时刻关注课堂“软环境”，根据教学需要营造出或轻松、或幽默、或严肃、或沉重的和谐氛围。实施语文课堂氛围监控，还有助于渲染文本所营造的情景，衬托人物的内心世界，从而能更好地引导学生把握文本、感知世界。

最后是情绪状态的监控。语文教学情绪状态的监控指的是语文教师在教学过程中调整消极、不良的情绪，以积极、乐观的心态看待教学过程和学生的行为。研究表明，影响语文教学质量的主要原因并不是语文教师学科知识的渊博程度，而在于其对待语文教学工作的态度以及对学生情感的把握。语文教师的乐观心境，不仅可以使自己的潜能充分发挥，还能使学生产生一种和谐愉悦的情绪体验，令大脑皮层处于兴奋状态，进而集中注意力、活跃思维、丰富想象。所以，语文教师在教学过程中首先应避免将自己在家庭生活和社会生活的不良情绪带入课堂，要以沉着、冷静、积极的心态处理课堂上出现的各种突发状况。

2. 教师对学生“学”的监控

直接监控。直接监控是语文教师通过观察和相应的作为对教学过程中学生的学习情况所进行的直接监控，监控的内容主要包括学生学习的兴趣、学习的注意力、学习的顺畅性以及学习中的问题等。

（1）学生学习的兴趣

学习兴趣是学习积极性中最现实、最活跃的因素，语文学习成绩的好坏与学生的语文学习兴趣高低密切相关，教学监控过程中，教师应时刻关注学生的学习兴趣。著名临床心理学家戈登（T. Gordon）和心理咨询专家吉诺特（G. Ginott）提出的和谐沟通理论认为，真正有效的课堂教学监控来源于学生个人发自内心的自制。因此，语文教师在教学过程中，要不断地创新教学方法，帮助学生克服对语文的厌学情绪，增强学生的语文学习兴趣。

（2）学生的注意力

注意是将人的意识指向并集中于一定事物或活动的心理过程，是一切智力活动开展的基础。注意力是控制注意指向和集中时间的能力，是保障学习进行的最重要的能力。语文教学过程中，学生由于学习动机不明、学习基础欠缺、学习习惯不良等因素往往会表现出不同程度的分心、多动、消极，影响教学效果。这就需要语文教师在教学监控过程中，时刻关注学生的注意点，通过调节课堂节奏、改变课堂气氛、完善教学引导、优化课堂提问等方式启发学生，吸引学生注意力。

（3）学习的顺畅性

学习的顺畅性指的是学生在语文学习过程中能跟上教师授课节奏，能积极自主地开展学习，在学习过程中不存在技能障碍、心理障碍等。语文教学过程中对学生学习顺畅性的监控，需要语文教师对学生的课堂反应做仔细观察并通过改变教学策略、优化教学方法等手段实施调控。

（4）学习中的问题

对学生学习中问题的监控指的是语文教师要随时了解、掌握学生语文学习过程中在知识掌握、能力提高、价值观形成等方面所面临的困惑和难题，并及时予以指导和化解。

间接监控。间接监控指的是语文教师通过监控与调节学生学习的自我监控状态，发现学生的问题，通过干预学生的自我监控来达成课堂监控目的的监控方式。其中，学生学习的自我监控指的是学生为了保证学习的成功、提高学习效果、达到学习的目标，而在进行学习活动的全过程中，将自己正在进行的学习活动作为意识的对象，不断对其进行积极自觉的计划、监察、检查、评价、反馈、控制和调节的过程。语文教学过程中，语文教师对学生学习的间接监控包括：让学生每天记学习日记、增强学生对他人以及自己认识过程的意识、指导学生进行自我质疑、指导学生评估自己的理解能力、向学生提供练习与反馈的机会、告诉学生语文学习的有关规律、指导学生进行学习反思等。

认知心理学把人的认知看作知识的获得与应用过程。前文对语文教师知识的阐述中加入了对教学执行控制的影响，在执行控制的信息加工过程阐述中也重视对其知识基础的探讨。可以看出，语文教师执行控制的信息加工过程也是语文教师学科教学知识的运用过程，在语文教师具体的教学信息加工过程中也会促使其反思自己的教学知识，反过来促进语文教师专业知识的发展。所以，语文教师的认知资源和执行控制之间是相互影响、相互促进的关系。

在语文教师的教学认知能力结构中，认知资源和执行控制水平之间的互动发展需要语文教师自主发展系统作为条件才能实现。语文教师自主发展的核心就是语文教师的教学反思。

第四章　语文教师教学认知自主发展论

本研究所论述的语文教师的自主发展专指语文教师教学认知能力的自主发展，语文教师其他素养维度的自主发展不在探讨的范畴内。依据本研究的理论逻辑，语文教师自主发展能力是通过优化语文教师学科教学知识，使语文教师执行控制信息加工能力有所提升的能力，所以本研究从语文教师自主发展的视角展开相关问题的研究。

本研究聚焦于语文教师的教学认知能力研究中语文教师的自主发展，核心在于研究语文教师的研究性反思活动如何提升自己的语文学科教学知识素养水平，目的在于通过在语文教师专业发展过程中施加教学影响，帮助其尽快获得语文学科教学知识的生成和发展。语文学科教学知识是当今世界教师教育领域最有影响的概念之一，相关学科尤其是数学和科学学科均借助学科教学知识相关理论提升职前教师教育的有效性，相对而言，语文教师教育领域的研究是非常薄弱的。依据前文所做文献研究，现有的职前语文教师学科教学知识发展研究，一方面，多借助数学和科学学科教学知识研究的范式，并没有揭示语文教师学科教学知识的学科专属特征；另一方面，多属于发展特征的客观描述，而实际的教师教育需求是通过一定的外在力量介入，有效影响职前语文教师学科教学知识的生成和发展水平。所以，在学科教学知识的理论视野下研究职前语文教师教育今后有两个问题须解决：一是彰显语文学科专属性质，以提升语文教师学科教学知识研究的学科针对性；二是与教师发展阶段特征相融合，对学科教学知识在职前教师阶段的发生特征进行揭示。在彰显语文教师学科教学知识的学科属性方面，本研究前文对语文教师认知资源的研究中就做了大量的工作，以语文教师学科知识为出发点从语文教师与所处情境的交互视角，力图揭示语文教师学科教学知识本体性特点和情境认知发展特征。但是作为语文教师教育研究者，我们一直持有这样的愿景，就是在微观的语文教师情境中通过施加教学影响帮助语文教师快速优质地发展语文学科教学知识，而不是作为旁观者发掘其发展规律。

所以，如果我们的研究既能发掘语文教师教学反思的规律，又可以施加有针对性的教学影响，通过一定的支持帮助语文教师反思，对语文教师教育而言更具现实意义。

行动研究作为一种教学研究范式倡导在实践中反思和在反思中实践，所以被推崇为促进职前和职后教师生成与发展学科教学知识的有效方式。质性研究相对于量化研究而言，更能够采取微观透视的办法发掘语文教师教学反思的机理，对理论建构初期发掘语文教师通过教学反思发展自己的学科教学知识更具有优势。

基于以上考虑，本研究分为三部分对职前和职后语文教师在培训介入下的自主发展形态进行描绘。

职前语文教师专业自主能力发展研究方面。本研究团队成员进入一所师范大学，通过行动研究培养职前语文教师实践能力的场域，采用质性研究的方法，综合多种材料采用微观透视的方式探寻和解释职前语文教师在这一特殊实践情境中的实践反思特征。另外，本研究会对行动研究影响职前语文教师教学反思的教学价值进行微观审视。

职后语文教师专业自主发展能力研究方面。本研究将一位语文教师引入一项信息技术辅助课堂教学的行动研究作为案例，分析职后语文教师在关键性事件面前，通过行动研究发展自身专业能力的特点。

在具体的行文中，本研究分别将职前和职后语文教师专业发展的特点置于相应的研究专题之下。

一、语文教学能力自主发展研究的实践逻辑

本研究团队的成员作为高等师范院校语文课程与教学论方向的专任教师，在教学生涯中，一直将有效提升职前师范生的实践教学能力作为自己的职业使命之一。目前高等师范院校本科汉语言文学专业主要的课程为中文专科课程、普通教育学课程、心理学课程、语文课程与教学论课程、实践教学课程。学科教学（语文）全日制教育硕士研究生的培养会加入一些研究性的课程，但是实践教学的方式并没有本质性的改变。本研究团队在职前语文教师实践能力培养过程中一直在解决师范生专业知识和专业技能融合的问题，但是真正的教学效果并不理想。虽然目前的教师专业认证要求师范生必须保证半年以上的实习，但是因为各种原因，师范生在实习场域作为“边缘人”的身份一直没有被改变，真正的教学反思不一定会发生。有的实习生因为被实践的“神秘性”所迷惑，原来建立的科学合理的学科教学知识甚至会被实习的实践共同体中有缺陷的学科教学知识倒灌，产生学科教学知识的遗失和解构。

在以产出导向和可持续发展为核心理念的教师专业化培养形势下，职前和职后语文教师教育一体化是大势所趋。虽然语文教师教育领域规划了职后语文教师专业发展的相关标准，力图培养一批反思性实践家，但是真正的效果并不尽如人意。

基于这些思考，本研究一直没有放弃在理论层面寻找激发师范生和之后的语文教师有效教学反思的探索，受陈向明等学者研究的启发，双路径学习理论开始进入了研究视野。

（一）双路径学习理论的内涵

阿吉里斯和舍恩区分了“信奉理论”和“使用理论”。信奉理论就是当事人宣称的自己在成长和做事中遵行的理论。使用理论是当

事人做事过程中真正支配自己思想和行为的理论。信奉理论和使用理论可能是一致的，也可能是不同的。

以语文教师为例，语文教师在教研场合和教研论文中用言语强调“汉字教育要与文化教育融为一体”。如果这位语文教师在具体的汉字教学中高频次渗透文化教育，那么他的信奉理论和使用理论应该是一致的；如果这位语文教师在汉字教学中很少或者没有渗透文化教学，那么本研究认为他的信奉理论和使用理论是不一致的。通常行动当事人的信奉理论来自阅读、听讲、讲座等理论学习，并以言语表现；当事人的使用理论则是在成长、做事的过程中形成的，可能提炼成能用言语表征的知识，但更多时候使用理论无法用言语表达，或者使用者对自己的使用理论都没有明确的意识。在教师中包括语文教师在内，言行不一的情况普遍存在，确定的是语文教师所做的一定与他的使用理论是一致的，不一定与他的信奉理论一致。造成信奉理论和做事行为不一致的因素有很多，通过言语探查不一定能保证所得结果的准确性。所以综合多种材料通过质性研究的方式提炼行为人的使用理论成为常用的研究方法，主要的分析框架就是行动理论中的双路径学习理论。

行动者使用理论认为，个体在行动中所秉持的理论可能与自身的信奉理论不一致，但与使用理论一定是一致的。阿吉里斯和舍恩建立了一个使用理论模型去呈现行动理论的最重要特征。该模型认为，行动者的行动受到自身价值观这一力量主导，之后做出一定的策略，再用行为结果测试并修正主导力量和行动策略。在真实的行动中，行为结果与原有的主导价值观往往不能完全一致，如果结果测试与主导力量在接受范围内，个体的使用理论可以保持相对稳定，但如果冲突不可调和，就需要做出改变。鉴于此，阿吉里斯和舍恩提出了单路径学习和双路径学习两个概念（见图 10）。单路径学习指的是个体的行为结果与原有的价值观即使发生冲突，也只改变行为策略去维持平衡；而双路径学习则改变恒定本身，即通过改变主导力量实现一系列改变。单路径学习和双路径学习并无本质的优劣之分，在不同的情境中二者的价值不同。

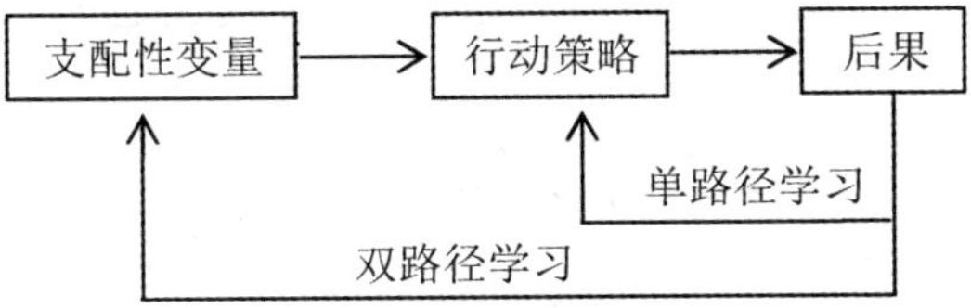

图 10　双路径学习理论

以语文教师为例，如果语文教师的汉字教学使用理论的主导价值观是“学生会写、会读汉字，知道汉字的意思就是汉字教学的目的”，该教师就会在这个主导价值观的影响下制定相应的教学策略，还要用后果检测自己的主导价值观和教学策略的合理性，如学生是否可以应付考试、可否为学生的读写活动提供支持、该教师同侪是否认同、家长是否满意等等。如果最后的评测符合自己的预期，那么该教师还会维持自己的支配性价值观和行动策略。现实是，从来没有完全令自己和别人完全满意的教育，教师专业发展中评测结果与自己主导的价值观和教学策略经常会发生冲突，若冲突在可接受的范围内，语文教师还会继续自己主导价值观支配下的教学策略。如果语文教师发现或者自己反思到“汉字美育也是需要的”“汉字文化教学也是需要加强的”等与原有价值观冲突的价值观也具有合理性的时候，那么其原有的价值观、行动策略和后果检测之间的平衡就会受到威胁，但是在一定时间内不一定会被打破。如果是在单路径学习状态下，语文教师只是会通过行动策略的改变去舒缓自己的焦虑，例如优化教学手段等办法，尽力保持原有使用理论模型的平衡；如果是双路径学习，语文教师就会从价值观视角做出改变，如改变为“汉字教育应该坚持工具性和人文性的统一”，从而重构自己的教学行为策略系统和后果评测系统。

虽然使用理论的单双路径学习无优劣之别，但是在职前语文教师教育中，本研究还是倡导实践中反思和反思中实践这种双路径学习方式，因为我们需要准语文教师不断做出改变以获得专业能力的不断提升。语文教师的使用理论需要在特定场域中综合多种要素去探查，所以需要借鉴双路径学习理论框架，建立针对性的“透视工具”。

（二）双路径学习理论的改造

陈向明等（2014）肯定了行动科学理论在描述和理解职前教师与实习指导教师互动中共同创造的行为世界及其对实习生学习过程和结果影响方面的价值，但是也提出了双路径理论在中国文化情境中解释力方面的局限。基于我们所在的行动研究情境的特征，研究中使用双路径学习理论作为解释框架基础是合适的。因为行动研究情境专家团队的构成是研究者自己的大学老师或者同事，本身有很好的前期知识交流、价值观交流和情感交流基础，作为研究主体的研究生和职后语文教师应该不会产生边缘人的心理感受，这与实习生在实习学校与中小学指导教师之间的文化伦理关系有本质上的不同。江淑玲（2017）的研究为了描述和解释实习生与指导教师的互动关系改造了双路径学习理论。以此为基础，本研究根据需要将该模型进一步改造，以实现对职前语文教师在专家团队影响下的实践性反思做深度分析，改造后的模型如图 11 所示。

根据改造后的模型，主导力量为职前和职后语文教师所指向的行动目标，如果在行动研究中使用单路径学习，那么职前和职后语文教师在行动研究情境中只在行动策略方面发生改变以促进自己的专业发展；如果使用双路径学习，那么职前和职后语文教师会在与专家团队的互动中通过实践性反思改变主导力量进而改变整个学习过程。在行动策略方面，本研究着重分析和解释职前与职后语文教师及行动研究情境的互动、指向目标的共同情感、行动者在实践中反思的具体路径，以及三者之间的互动关系。在行为结果方面，重点分析职前和职后语文教师每一轮行动研究后语文学科教学知识发展的动态结果。此框架可以将分析要点置于情境关系中进行考察，以实现对研究内容的深度分析。

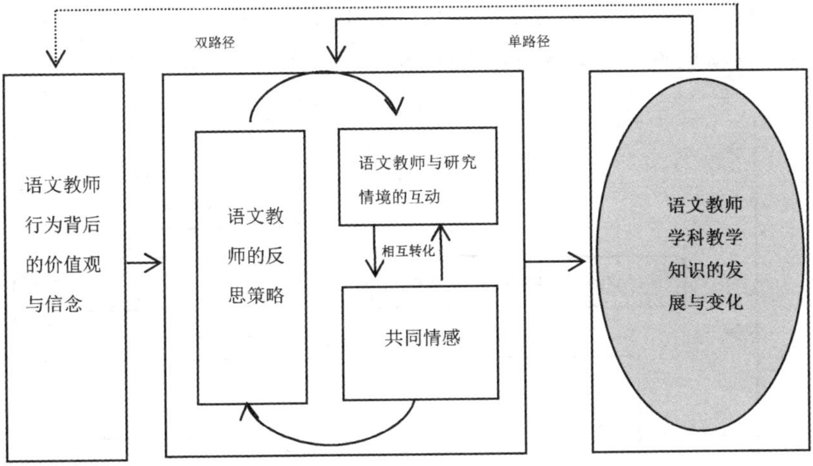

图 11　语文教师在行动研究中反思的概念图

二、职前语文教师自主发展能力研究

（一）行动研究取向中的质性研究过程

本研究团队的成员以行动研究外来协助者身份参与了一所省属师范大学全日制语文教育硕士教学实践能力培养过程。本次行动研究的问题是“如何开展高中语文古诗词探究性教学”，采用“实践的行动研究”取向，强调职前语文教师在与协助者的平等协商中解决实践问题，对职前语文教师和协助者都不追求标准而精确的状态预设。专家团队由语文课程与教学论博士、中学一线专家教师、大学中文系学科专家构成，在课程与教学理论、学情、教学组织、教学情境、学科知识等方面协助职前语文教师发展高中语文古诗词探究性教学方面的语文学科教学知识。职前语文教师在专家团队的协助下，以自己所在班级同侪模拟的高中生为前期教学对象，经过几轮“磨课”，高中语文古诗词探究性教学方面的语文学科教学知识达到一定程度后，再为实习学校真正的高中学生授课。研究案例即取自这一行动研究过程，整个行动研究过程如图 12 所示。

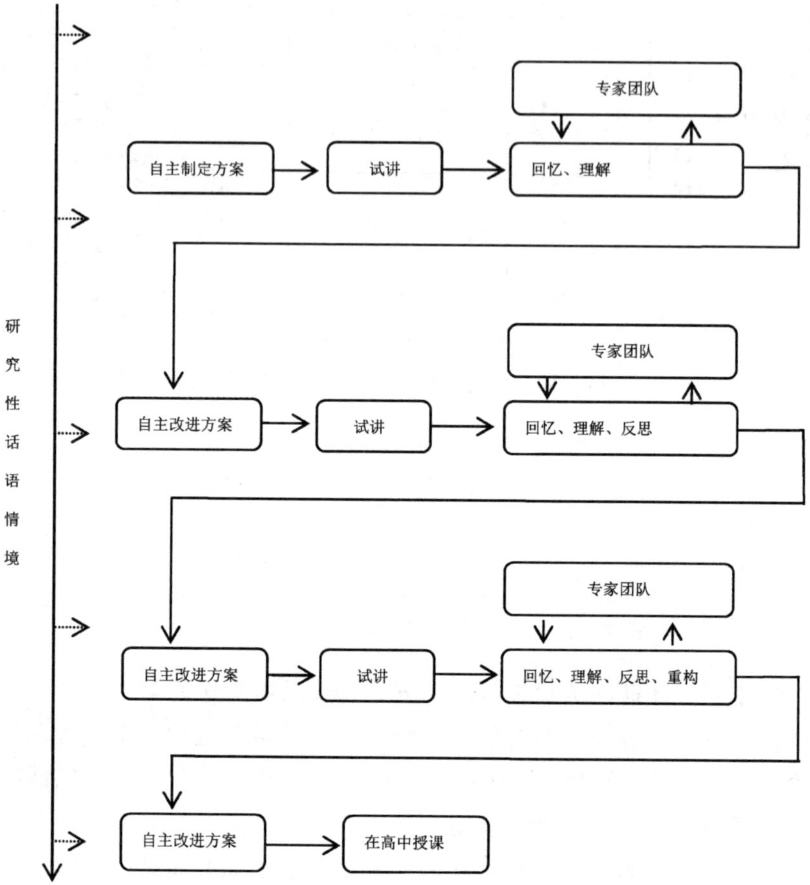

图 12　行动研究过程示意图

首先，本研究充分收集行动研究情境中的教学实录、交流资料、教学设计、教学反思等原始材料。其次，我们对行动研究中职前语文教师与专家团队的互动中反思性学习状态和结果、在专家团队的协助下反思性学习策略变化进行了梳理，通过类属分析建立一级编码。最后，根据采用的理论分析视角，将一级编码上升到二级、三级编码。征得各方同意，在分析材料过程中，本研究请行动研究团队和案例对象反复阅读案例内容，尽量确保描述客观。我们一直将职前语文教师认知和理解的状态与变化置于材料分析过程中，以展现各次行动研究中职前语文教师教学反思、教学反思结果和语文专家团队交互方式之间的变化。

（二）具体研究问题

陈向明（2006）认为发掘教师知识的最佳方式是自己（或与外来研究者平等地）在反思理性指导下的行动研究。但要达到这种状态，一方面需要协助者有相应的专家素质并在行为模式方面尽量为职前语文教师营造自由、平等、宽松的环境，另一方面职前语文教师也要有一定的知识基础、反思意识与能力。虽然我们追求理想化的行动研究形态，但事实往往与理想并不一致。本研究旨在记录、描述和解释自然状态下的行动研究案例，聚焦于职前语文教师在行动研究情境中，在协助者影响下将自己的语文学科知识与“教学法知识”“情境知识”“学生知识”相融合的情况。本研究主要从效能、反思本身、行动研究的意义三个视角关注三个问题：①职前语文教师行动研究中的教学反思对语文教师学科教学知识发展的影响特点是什么？②职前教师在行动研究共同体中发展自己语文学科教学知识过程使用反思策略的特点？③职前语文教师与行动研究共同体的互动对其教学反思的具体影响是什么？

（三）职前语文教师教学反思案例分析

为了分析的深入性，本研究选择下面这一案例。高芳（化名）是全日制语文教育专业硕士，本科为汉语言文学专业，没有参加过教育实习。围绕“促进学生古诗词的深度鉴赏”这一问题，高芳与专家团队一起经历了行动研究过程。本案例分析紧扣行动研究情境的反思性实践过程，高芳四次实施李清照《醉花阴》一文的探究性教学过程中教学反思策略的迭代以及对语文学科教学知识发展的不同影响，通过微观透视描述和解释职前语文教师个体在行动研究情境中教学反思的发展特征及影响因素。

1. 都是对第一次备课的优化

高芳的第一次试讲方案由自己制定，包括篇目的选择、教学目标的预设、教学内容的确定和教学方法的选择等。课堂教学中，高芳所教内容为《醉花阴》的逐句讲解，像是一篇古诗文鉴赏稿。（2018年9月10日课堂观察手记）

第二次试讲后，L老师认为高芳因为对“炼字”理解不够透彻，所以没能将其中的含义和情感讲清楚，而且在导入时让同学体会景物特点时讲得较为笼统，指向性不强。专家团队一致认为这节课的重点应该突出李清照对细小精微事物的把握，重点赏析这样的事物体现出的委婉含蓄之感。针对各位老师的意见，高芳再次对教学内容进行修改，最终将重点放在鉴赏精小细微的意象上。（2018年9月16日观察手记）

高芳觉得自己第二次试讲虽然用了L老师的思路和理论，但是没有深入地理解，在授课的导入阶段虽然用李清照词的独特性“盖了个帽子”，但主要教学过程中的内容还是没有做大的调整。（2018年10月4日深度访谈记录）

高芳自己也承认在前两次试讲时绝大多数都是使用网络上查阅到的材料中的语言，她觉得鉴赏文章的语言比自己的好，就选择能驾驭的比较优美的句子进行了组合。到后来，高芳逐渐开始使用自己的语言进行授课，但是在第四次试讲的授课语言中还是有一些语言源自自己查阅的材料，尽管这些语言融合在了高芳自己的语言体系中。（2018年10月4日深度访谈记录）

高芳在行动研究中，通过实践性反思，实现了学科教学知识的发展，但是整体反思的基础还是第一次自己备课时使用的内容框架。高芳的第一次方案设计主要方向是在网上搜索并弄懂他人课件内容，试讲旨在将课件的内容顺利转述出来。第一次试讲后与专家团队的集体备课中，在教学内容的确定方面显得处于弱势地位，尤其在学科专家L老师面前。L老师对课文的独到见解和渊博学识让高芳敬佩，同时也产生了些许畏惧。还好，L老师对高芳的知识水平有所了解，在问题的确定方面给了一个自认为适合高芳的内容。现场，高芳几乎全盘接受了专家们的意见，甚至对没理解的地方也没有提出疑义。所以，在第一次试讲和集体备课时，高芳的语文学科教学知识发展属于单路径学习，主要表现为对来自网络知识和指导老师意见的被动理解，主要工作在于完善自己的学科知识。高芳的第二次试讲并没有在本质上扭转教学内容多而散的情况，虽然接受了L老师的建议，也做了自认为的教学优化，但仅是对第一次教学内容的修修补补，教学展示中并没有表现出本质的变化。这种情况一直到第二次集体备课后，第三次方案制定后的试讲中才得到根本性扭转。虽然最后的教学内容确定主要以L老师的思路为框架，但其中具体的教学内容还是来自第一次备课内容，只是提取其中一部分精微意象的鉴赏。从这种现象可以看出职前语文教师第一次备课的重要性，也反映出受到很大影响甚至多次冲击才能对原有的主导价值产生动摇，双路径学习才有可能发生。

2. 从记忆专家的话语到思考专家的话语

各位指导老师对高芳第一次试讲的评价是教学内容较为冗杂，没有教学重点。其中Z老师认为这样铺开讲没有重点和探究思维，一线专家W老师认为应该有个教学重点和核心问题。综合第一次试讲后各方建议，学科专家L老师当时建议高芳从李清照严守词体美感入手，着重讲在《醉花阴》中她通过描写一些精小细微、极具美感的意象来遵守词体美感。高芳当时认为这样的教学内容更加凝练集中，更加新颖，可以激发学生的兴趣，因为这打破了自己以往讲解诗词只能串讲的固有模式。（2018年9月10日课后评课和集体备课观察手记）

高芳在第二次试讲后说："我就从这个方向入手准备教案，在第二次技能训练时，我所呈现的教学方向和教学内容却和L老师预想

的不太一样。”（2018 年 9 月 12 日集体备课观察笔记）

高芳的第二次试讲以《词论》中李清照对苏东坡的一段评价“至晏元献、欧阳永叔、苏子瞻，学际天人，作为小歌词，直如酌蠡水于大海，然皆句读不葺之诗尔，又往往不协音律者。何耶？盖诗文分平侧，而歌词分五音，又分五声，又分六律，又分清浊轻重”导入，指出李清照认为婉约词为正宗，应该讲求词体的传统美感，探讨在《醉花阴》中李清照如何遵守词体美感特质。在精讲部分以鉴赏意象为主，主要鉴赏了薄雾、玉枕纱橱这两个意象，并和豪放派词人李贺笔下的“黑云压城城欲摧”中的“黑云”做对比，体现李清照所选取意象的精美细微。前面的内容是学理化的词论，后面的内容还是第一次授课的内容，二者之间是牵强的勾连状体，而且这样处理后学理性更强了，不符合中学课堂实际。（2018 年 9 月 13 日教学观察手记）

高芳认为自己开始讲课的问题是“找不到点”，后来听了 L 老师的建议，从《词论》入手，将主要内容集中在李清照词的独特之处。（2018 年 10 月 4 日深度访谈记录）

高芳的第三次试讲在导入时选取李清照在《词论》中对苏东坡的一句评价来引入其选取意象时的独到之处。随后让学生明确“炼字”的概念，并亲自做示范鉴赏“销”，力图让学生掌握“炼字”的具体内涵，接着布置问题让学生自主赏析剩余的“凉”“瘦”。（2018 年 9 月 16 日教学观察手记）

高芳到第三次试讲的时候觉得自己“理顺了”，之前老师给的“点”高芳就“顺不到”自己要讲的内容中，“衔接不住”，只是依据专家的理论在上课的开始阶段“扣了个帽子”，但是她讲的内容却没有体现理论，高芳可能明白老师的意思，但没表达出来。按照 Z 老师的意见，如果先导入，然后找特点，接着抛出李清照词有这样的特点，再看李清照所持理论在实践中如何完成的，这样就“顺”了。（2018 年 10 月 4 日深度访谈记录）

高芳的第一次试讲为逐句串讲，后来依据专家团队建议，着手从《词论》中李清照一段时间的词作观切入探究，进行方案设计。但在第二次试讲的导入阶段高芳引大段《词论》的话语，且无分析，之后的讲解又与所引观点割裂。可见第二次方案设计和试讲，高芳是在原有学科知识上生硬加入专家的意见，并没有在理念上完全理解 L 老师的想法，还属于单路径学习。而到了第三次做方案，高芳听取了 Z 老师意见后，自己也意识到自己理解大段的《词论》都有困难，何况是学生，所以只截取了其中关键一句，并做具体分析。这一次方案设计，她对自己原有的知识也做了改造，只选择与“精微意象”和“炼字”相关的内容，并且将这些内容置入了“提出理论、示例讲解、抛出问题、引发讨论、归纳总结、拓展延伸”的教学组织结构中。这内容架构虽是 L 老师和 Z 老师所给，但语文学科教学知识整合过程由高芳自主完成，是从观念到方式的全方位变革，已具双路径学习的性质。总之，第一次和第二次的准备和展示中，高芳是按照老师的意见搜集整理材料，安排自己的授课内容，第三次是按照指导老师的意见反省自己的不足，之后做出从主导价值到行为策略的全方位改变。

3. 内容理顺了才能想其他的

高芳第一次的教学语言听起来很别扭，段落间的逻辑关系显得生硬，而且书面化很强。（2018 年 9 月 10 日观课感受）

Z 老师（态度较为生硬）：你的讲课感觉是诗歌鉴赏辞典中的话语复述，是预先背好的稿子，之后再转述出来，并不是你边思考边讲课，所以与整体的教学情境是脱离的。（2018 年 9 月 10 日课后集体备课手记）

在教学方式上以讲授法为主，缺乏与学生的互动，无法提出有效深刻的问题，即使提出来也没有追问下去的意义。在这样的教学方式下，学生是在被动地获得知识，课堂参与度较低。（2018 年 9 月 10 日课后教学反思）

第二次试讲后，L 老师认为高芳因为对“炼字”理解不够透彻，所以没能将其中的含义和情感讲清楚，而且在导入时让同学体会景物特点时讲得较为笼统，指向性不强。专家团队一致认为这节课的重点应该突出李清照对细小精微事物的把握，重点赏析这样的事物体现出的委婉含蓄之感。针对各位老师的意见，高芳再次对教学内容进行修改，最终将重点放在鉴赏精小细微的意象上。（2018 年 9 月 16 日观察手记）

高芳觉得自己第二次试讲虽然用了 L 老师的思路和理论，但是没有深入的理解，在授课的导入阶段虽然用李清照词的独特性“盖了个帽子”，但是主要教学过程中的内容还是没有做大的调整。（2018 年 10 月 4 日深度访谈记录）

高芳第一次上课问了四个问题，但都是自问自答，例如：“接下来，请同学们自由朗读课文，并体会这首词抒发了作者怎样的情绪。（自答‘愁’）非常好，因为作者开篇就写到了愁绪，薄雾浓云愁永昼，李清照为何会愁呢？这就要从这首词的创作背景说起了……”第二次试讲高芳竟然没有设计问题，全是自己讲解。第三次基本架构起师生互动体系，有提问有回答，有追问，有引导，问题之间的联系也较为紧密，如“仔细体会，李清照所描写的景物或事物有何特点呢？（请同学们来说）”“那李清照是如何对细小精微事物进行炼字的呢？我就针对大屏幕上我们找出的景物，先来给大家做个示范，一会儿找同学去向老师一样进行分析。”（2018 年 9 月 11 日、2018 年 9 月 13 日、2018 年 9 月 15 日课堂教学实录比较）

第一次试讲，高芳的教学实录中用字 2584 个，而第四次试讲，高芳自己的讲解共用字 1281 个，在时间不变的情况下，将更多的时间留给了学生。（2018 年 9 月 11 日、2018 年 9 月 13 日、2018 年 9 月 15 日课堂教学实录比较）

在教学方式上积极与学生互动，针对学生的回答给予真实有效的评价。在教学方式上也有所改进，请多位同学赏析意象，展开大讨论，产生思维上的碰撞，最后由老师进行总结评价。（2018 年 9 月 15 日集体评课备课中的教学反思）

从高芳的第一次和第二次教学展示中，我们明显地可以看出，因为高芳没有理清语文学科知识之间的关系，所以没有能力实现与其他能力要素的融合。综合各种材料可以判断，高芳的前两次教学反思重要集中在教学内容方面，也就是对自己语文教学知识的结构化方面，主要反思的是如何通过自己的阅读、文献搜集组织成一定的学科知识结构，并且转述出来迎合 L 老师的想法。虽然在信奉理论方面执行了 L 老师的理论，但是在实践操作中还是没有从本质上改变自己原来的做法。自己在操作策略上戴了顶理论帽子，但是整体的使用理论仍然没有发生改变，因为这个时候的反思策略是全盘接受和模仿，根本没有将这些知识信息内化到自己的实践知识世界。到了第三次，通过自己综合各种信息的判断，开始实现使用理论的转型，但是转型的前提是对语文学科知识已经十分熟练，在此基础上腾出了更多的认知资源考虑学生、教学法知识和学科知识的融合，实现了专业发展质的提升。这是在研究中发现的职前语文教师教学反思中的一个特点。

4. 吸取专家话语中对自己有用的

（一些话语）没有“原搬”，因为 Z 老师建议将引用的书面语转化为自己的口语，所以原来所引的《词论》中那段话她只选择其中一句用了原文，其他的则用自己的话进行了解释，这样更有利于学生理解，重点没有分析资料而是总结了资料反映出的现象和问题。（2018 年 9 月 13 日课后集体备课手记）

高芳前两次集体备课后的反思主要听的是 L 老师和 X 老师的话语。X 老师提供更多的是教姿教态方面的指导，因为其他老师已经在教学内容、学情分析和教学法知识方面给了足够的信息。L 老师给的是学科知识和教学内容布局方面的指导。其实，Z 老师和 L 老师同时给了教学目的和照顾学生接受水平的建议，但是两位老师的建议对高芳的反思没有产生直接影响，二位老师的话语信息却作为信奉理论被高芳接受并记忆。然而，X 老师提出在教姿教态方面的要求，高芳迅速认同、接受并实现，具备双路径学习的特点。L 老师的要求虽然没有真正成为使用理论，但是影响已经显现。也就是说，在高芳的行动研究中，是有选择地接受自己当时需要的知识，解决急需解决的问题。外显技能的问题最容易解决，所以她完全按照专家的意思实现。教学内容因为自身和中文专业专家的水平相差太远，所以在前两次选择了照搬。第三次备课之后，高芳才将 Z 老师和 W 老师反复强调的问题落实到自己的行动中。从反思角度看，高芳反思的焦点应该是顺序性的，前两次是线性整合式反思，第三次实现了融合性反思。

行动研究情境中的质性研究确实让人着迷，在职前语文教师专业发展的多维材料空间中，发掘这些精神个体的探究历程，仿佛挖掘出一个个珍贵的宝藏。虽然本研究获得的精神成长历程都是个性化的，但是确实触摸到了温热的、真实的职前语文教师的专业发展情怀。

（四）职前语文教师自主发展的特征分析

依据所用理论将散落的概念碎片进行串联，可以得到职前语文教师在行动研究情境中的教学反思发展路径。本文截取各次集体评课备课环节进行展示（见表 11）。

表 11　职前语文教师 PCK 要素在行动研究中的发展（节选）

行动研究情境中的互动策略		反思策略	职前语文教师 PCK 构成成分发展状态及教学价值观理解					学习路径
			学科知识	教学法知识	学生知识	情境知识	价值观理解	
集体评课备课	第 1 次 梳理思路，听取建议	记忆、理解	自己不足，应使用一个思路和框架	不知道如何落实“加强互动，有效提问”	新颖的教学内容可以激发学生的兴趣	认为学生被动获取知识，参与度低	学科内容知识很重要	单路径

续表

行动研究情境中的互动策略		反思策略	职前语文教师PCK构成成分发展状态及教学价值观理解					学习路径
			学科知识	教学法知识	学生知识	情境知识	价值观理解	
集体评课备课	第2次 听取建议，发表看法，质疑和提问	记忆、理解、反省	因为不是自己的东西，没有完全理解指导老师的理论。引的《词论》与自己的内容衔接不住。知识点应该更细	不知道如何将理论转换到自己的教学中，教学切入点应更细。认同“自己先示范，之后让学生自主分析”的教学策略	用通俗易懂的语言表达出来更为妥当	认为课堂的互动性增强	讲课思路的衔接、教学内容与学生学习的衔接很重要	双路径与单路径并存
	第3次 选择性听取建议，针对问题寻求帮助	筛选、反省、重构	学科知识应该凝练、细化	优化“老师精讲示范学生自主分析”的教学策略	通过老师示范，学生自己能够找出并分析精微意象	认为针对学生的回答，自己可以给予真实有效的评价	上好课需要综合考虑多方面的因素	双路径为主

1. 反思策略的发展特征

高芳的第一次自主性教学准备和教学展示主要是根据一个来自网络的教学课件。高芳根据自己解读文本的能力和课时要求对课件内容进行了取舍，撰写了讲稿，第一次展示就是对讲稿的转述。在第一次自主备课过程中，高芳就在反思自己的能力，结合课文构思和规划授课内容，通过话语编制将自己的教学内容和教学方法融合在一起。展示之后，指导老师分别给高芳提出了各自的意见。从高芳的现场状态、后期的教学改变、访谈、教学设计和撰写的教学反思中我们可以提炼出，第一次集体备课和第二次教学准备，高芳就是在记忆指导教师的话语意思，根据自己对指导教师话语的理解，去查阅相关资料迎合指导教师，在大方向上没有自己的决策，但是具体教学内容的建构是自己在做信息加工。从第二次教学展示看，高芳的教姿教态基本上实现了指导教师的预设，教学内容上可以看出改变，也就是说信奉了指导教师的理论，但是实际上整体的操作策略还是优化自己原来的讲稿，在教学内容、方法、组织和对学生理解方面的知识没有提升。第二次集体备课和第三次教学准备，高芳对教学内容已经很熟悉，在与指导教师的两次对话中完全理解了老师的想法，这一次高芳对自己的教学进行了整体性的反省，具体做法是删减了教学内容，加入了教学方法、教学组织、照顾学生学习等要素的思考，真正实现了教学活动的整体重构。第三次教学展示效果得到了明显改善。图 13 为高芳教学反思策略的发展变化图。

图 13

2. 反思内容的发展特征

高芳第一次方案制定主要是对别人方案中的学科知识进行记忆、理解和转述，试讲目标定位为在规定时间内讲完内容，并没有关注本次行动研究问题的指向，也没有考虑学情和教学法等问题，更没有自觉的教学理念引领。所以在行动研究的开始阶段，高芳的教学反思从学科知识开始，其他要素发展并不明显。第一次集体备课，高芳的关注点也仅集中在如何根据老师的建议改进学科知识框架。

第二次方案制定、试讲、集体备课评课时，高芳教学反思重心仍然在学科知识方面。在方案制定中，高芳按专家的建议通过上网收集资料理解和充实自己的学科知识，并努力与自己第一次使用的学科知识相融合。虽然她按照指导老师的建议设计了问题，有了使用教学方法的意识，并记忆了一些教学法知识，但在试讲中并不能有效运用。试讲中，高芳并没有实现新补充知识与原有知识的衔接，所提问题的有效性也不强，缺乏对学生和情境的认识，旨在落实指导教师的想法。可见，第一次集体研讨对第二次试讲的影响主要在教学内容知识方面，兼有一部分教学法知识获取的影响。

有了第一次集体备课和第二次教学设计的基础，随后课后的集体备课评课中，高芳在与团队的交流中进一步凝练了问题，开始考虑如何使自己的授课重点适配相应的教学方法，以及带动学生在教学情境中的表现。此节点，在集体备课评课环节，高芳才在价值观念方面发生改变，开始自觉着手语文学科教学知识建构和发展。这时高芳的学科知识结构进一步优化，语文教学知识要素结构初步构建，语文教学知识发展的意识初步觉醒，这些行动情境起到了支撑和触发作用。

第三次方案制定、试讲，高芳进一步优化了自己的学科知识，但在丰富性和数量补充方面并不多，改变的是如何与教学流程、教学问题和教学方式相融合。在第三次试讲后的集体备课、评课和反思中，高芳进一步将自己的价值观认识提升到“好课的基础是多种知识融合”的层面。从最后一次方案制定和试讲可以看出，案例对象的学科教学知识要素中，学科知识方面只在个别地方进行了修正，其他要素点发展加快，各要素间融合度进一步增强。

总之，在行动研究中案例对象的双路径学习的发生建立在学科知识较为完善的基础上。后期，在专家的建议下，高芳开始针对要解决的问题有选择、反思性地看待相关建议，进行方案制定和教学实施，学科知识没有太多变化，变化在于与相关知识的融合。所以，可以认定案例对象双路径学习的展开要以学科知识发展较为完善为基础，或者说在行动研究中，学科知识发展始终是单路径的，而与其他知识的融合具备双路径学习的特征。（别的学科重转化与融合，语文学科的融合模式，在行动中学科知识的建构和要素间的融合都是研究对象）

3. 反思模式的发展特征

在学科知识方面，学科专家的建议起到了关键作用，在知识的丰富性和深刻度两方面都获得了提升。在行动研究情境中，案例对象在不断实践和反思中将学科知识与教学法知识、学生知识、情境知识、教学理念融合。但是在不同阶段高芳对语文学科教学知识的反思模式是不同的。在第一次自主备课解读中，高芳主要是对别人学科教学知识的融合性记忆、理解和模仿，没有什么价值判断，只是为了完成课时任务。第一次集体备课和第二次教学准备时，专家团队是以融合性的学科教学知识给予高芳建议，但是高芳的反思模式却是剥离式的，即对每个学科知识要素点分别进行反思，之后在教学中进行整合。第二次集体备课和第三次教学准备时，高芳将剥离后的知识经过自己的筛选、内化、提炼融合成了一种只有自己具有的知识形态，是融合式的反思模式。案例对象反思模式的变化如图 14 所示。

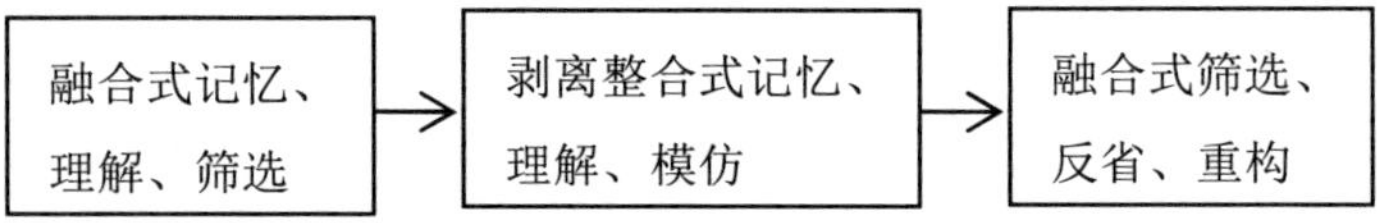

图 14

4. 研究性话语空间对职前语文教师教学反思发展的价值

在职前语文教师教育中，个体对神秘经验的未知、对学科知识的畏惧、对学生情况的陌生，都会影响他们教学反思发展状态。这些在行动研究情境中也有表现。但在行动研究情境中，由于团队各方共处于指向问题解决的话语空间，所以职前语文教师在其中的互动表现有别于纯粹的单个教师技能指导，也有别于面对较为陌生指导教师的教育实习情境。在行动研究情境中，专家团队成员也会使用一些“霸权式”话语，但是这种“权威”随即或者后期在一定程度上会被消解，各方话语焦点集中在教学问题解决而淡化了对伦理关系的关注，在各方协商中形成的结论也容易让职前语文教师信服，所以在这样的研究性场域中容易产生双路径学习的状态。在解决相关问题过程中，团队给予了案例对象极大的支持，这种支持没有利益关系且陌生感较少，所以交流关系融洽，案例对象并没有被压迫的感觉，更多感到的是在集体帮助下的成长。所以案例对象在一定的感动中，将主要的精力用于通过实践性反思促进自身语文学科教学知识发展，取得了较好的发展效果。

在行动研究中，案例对象在学科知识方面虽然表现出单路径学习状态，但并没有表现出排斥的情感状态，更多的是对专家的赞叹和对自己知识不足的反思。在教学法知识、学生知识和情境知识学习方面，团队的帮助主要是行为建议方面的，如何与学科知识进行整合主要靠案例对象自己在解决具体问题中进行反思，实现了主导价值和策略方面的重构，双路径学习状态体现得较为明显。

将案例置于整个职前语文教师教育的大背景下，客观考察行动研究中职前语文教师教学反思的特点，本研究有如下思考。

注重作为职前语文教师专业发展基础的学科知识建构特殊性。职前语文教师的教学内容知识在语文教学中往往处于缺失、零散或者不充分的状态，职前语文教师教育需要从学科知识的培育开始，进而促使其他知识要素与之融合，这样的教学反思的有效性才能尽快显现。

构建独特的问题解决情境。目前的职前语文教师在中国语言文学知识和教育心理理论课学习基础上培养实践性学识主要靠校内的技能训练和进入基础教育实习。校内技能训练主要是一些基本素养的培育，与真实的课堂教学情境往往是脱离的。而教育实习的效果又依赖于指导教师的情感、态度与水平，实习生往往会陷入一种伦理关系而导致自身的语文学科教学知识发展受限，很多实习生并没有有效利用实习情境针对问题进行教学反思。如果在校内可以借助行动研究通过“磨课”的形式培育职前语文教师的语文学科教学知识，既可以让学生在情境中反思自己的专业发展，又可以获得实践技能的提升，为自己的教育实习和走向工作岗位奠定基础。

建构研究性话语空间。在以往的教师教育中，职前语文教师专业发展过程中与发展情境的情感态度互动是被排除在外的，实际上职前语文教师的知识发展直接受到情境的影响。如果行动研究团队的研究性话语空间建构良好，职前语文教师在这个话语空间中受到语文教育情怀的感染，而没有负担地进行知识的建构，主动反思自己的专业发展，容易升华到双路径的学习状态，真正促成学生实践性学识发展的良性格局。

三、职后语文教师自主发展能力案例研究

（一）案例研究的情境

通常情况下，具体课堂教学情境中的语文课程内容体系要以教科书选文系统为载体进行构建，而依据教科书选文系统构建的课堂教学层面语文课程内容体系的建构又依赖于语文教师的语文学科教学知识。在当代，语文教师学科教学知识的要素之一就是语文教师的学科知识与信息技术知识的整合。由于语文教师的学科知识本身就属于实践性学识，所以语文教师学科知识的特殊性决定了语文课堂教学实施层面的学科知识与信息技术整合需要语文教师在具体的教学情境中实现。

QH 附中是 B 市的一所重点初中，学校参与了市里一所教育学院的协同创新项目“基于 VR 技术辅助的语文课”，一位语文教师 G

被选中作为此项语文课程改革计划的实施者。该教师为硕士研究生学历，毕业于国家部属知名师范院校，从教 5 年，熟知初中阶段语文学科知识，但是真正踏上 VR（虚拟现实）技术与语文学科知识的整合之路还是有很多困惑，具体课文篇目的语文教学内容与 VR 技术相融合如何实现其独有价值？在沉浸式体验情境中如何实现语文教育的本体性目标？VR 技术与基础教育阶段的语文教育教学整合需要注意什么问题？这位 G 教师在教研组和课题组的帮助下，通过“磨课”的方式进行此项教学改革试验。

本研究团队成员作为 G 老师求助的对象，全程作为旁观者观察了改革的全过程，并在此过程中收集了大量的质性研究材料，对 G 老师的教学自主能力的微观心理历程进行了梳理，以此为平台归纳了职后语文教师自主能力发展的扎根理论。

（二）研究问题和过程

本次研究所有参与者都获得了不同程度的专业发展收获，但是本研究只聚焦 G 老师的自主发展特点，其他人物只作为背景简要提及。

1. 研究问题

（1）职后语文教师自主发展的动力是什么？

（2）职后语文教师如何改进自己的教与学？

（3）职后语文教师的自主专业发展源于什么机制？

2. 研究过程

第一，职后语文教师虽非自愿参加研究，但也并不排斥。G 老师毕业于国内知名师范院校汉语言文学专业，毕业后从教于国家级重点初中。虽然从教才 5 年，但她已成长为一名成熟的教师，她非常熟悉人教版（现改为部编版）初中语文教科书所负载的语文课程内容，可以轻松驾驭以教师为主导的语文课堂教学。因为受本科教育经历和入职后从教环境的双重影响，她励志成为一名国家级教学名师。作为年轻老师，她身上有很多成长为优秀语文教师的潜质。

如 G 老师具有深厚的汉语言文学专业功底，尤其热爱名著阅读，喜欢进行文学创作和与语言文字运用有关的工作；性格开朗，在语文教学中也表现出足够的热情，勇于挑战教学问题，勇于接受新鲜事物；热爱学生，热爱语文教育事业，并能在语文教学工作中体验成就和反思不足。

因为本人的爱好和特长，以及自己对语文教育的独特理解，G 老师的语文教育理想是学生经过基础教育阶段的语文学习，可以在与语言文字的互动中感知个体生命成长的意义，可以使用中华民族的通用语言文字进行有价值的个性化表达，逐步具有传承中华语言文化的意识和能力。在平时的教学中，G 老师注重激发学生的语言文字运用灵性，让学生富有活力地进行语文学习，在语言符号世界中发现自我、认知社会、感悟自然的美好。

按照自己的个人语文教育哲学，G 老师已经总结了一些语文教育经验，尤其在不同文体独特教学价值发掘方面有较多研究心得。在从教的 5 年里，G 老师对教学内容的关注大于对教学方式和技术的关注，G 老师认为学生的语文学习本身就是在语言文字构成的世界中艰难跋涉的过程，体验、积累和感悟才是语文学习的方式，过多关注教学技术手段本身与语文教育的特征甚至是相悖的。但是，从 2017 年开始，学校进行了一项“VR 技术辅助语文教学”课程改革，并要求 G 老师也要参与这个项目，这对于 G 老师来说不仅是课堂教学技术操作层面的挑战，也是对 G 老师已经初步建立的语文教学理念的冲击。

VR 原来作为一种遥不可及的技术存在于实验室，但是从 2016 年开始这项技术开始大众化，借助一副眼镜和一台计算机（或手机）就可以进入一种仿真的情境，根据 VR 技术的特点，B 市教育学院开展了“VR 技术辅助语文教学”这一协同创新教研项目，而 G 老师所在的学校也是项目参与方之一。G 老师所在学校的决策层认为 VR 技术应该会促进学科教学效率的提升，学校率先在 VR 技术和学科教学融合方面进行探索，本身也经过了较为科学的论证。学校选择G老师参与这个项目的主要原因是，G老师在2年前上了一节精彩的公开课。那节公开课是人教社八年级语文下册《罗布泊，消逝的仙湖》第二课时，G老师从批判性阅读的独特视角入手确定课文核心价值，表现出她对教学问题的探索精神，从效果看，课堂教学确实吸引了学生，得到了同行的肯定。所以，在“VR技术辅助语文课堂教学”项目的开展之初就选择了G老师和学校另外一名N教师参与。最初，G老师找过校长表达自己的不情愿，她坦率地和校长说，语文教学可以不需要高科技的信息技术，让学生参与大量的语言文字运用实践才是最重要的。校长让G老师先不要武断地下结论，可以尝试性地实践一下，到时候再做决定。G老师就此走上探索使用VR技术辅助自己的语文课堂教学之路。

从G老师的后期表现看，她在研究过程中全情投入，对自己参与本次项目拥有极高的责任感和使命感。

第二，本次研究程序以教师个体性专业发展为旨归，典型且具有特点。在我国，“磨课”这种具有行动研究性质的教研活动一般以教研组为单位展开，通常分为以下几个步骤：首先，教师小组共同设计教案；其次，一位教师授课，其他教师观课；再次，教师小组课后集体反思；最后，改进教案，再次上课。本次行动研究的不同之处在于：首先，本次行动研究具有跨界性质，设计教案的研讨团队是外来课题组，教研组老师也变成了旁观者甚至是研究者，行动研究者缺乏同侪情境互动，略显“孤独”；其次，本次行动研究者的主导性更强，因为同侪在研究过程中被边缘化，课题组通过本次研究也是为了探索并没有形成严密的研究话题和系统，所以G老师成为研究的主导者，很多问题的解决主要靠自己的反思性实践。

其实语文教学内容与信息技术的整合并不是一个新鲜话题，使用VR技术和自己的语文学科知识整合解决语文教学问题之前，G老师所在学校也提倡语文教师注重在课堂上使用信息技术，包括以幻灯片为代表的多媒体技术、网络信息技术等，当然也包括无纸化课堂教学的开展等。在这些方面G老师已经积累了很多经验，并且有一些自己的认识和思考。G 老师在语文课堂教学中使用图像和视频辅助教学非常审慎，因为她认为提升学生的语言文字运用素养应该通过语言文字这一基本途径，在阅读课教学中引入图片和图像辅助教学其实很大程度上在束缚学生阅读理解的想象力和运用语言文字进行思考的能力。G 老师在一些实用性的文本教学中使用图像辅助较多，因为其中一些知识性和原理性的问题需要借助图像进行解释和说明，以补充课文理解必要的背景知识。而 G 老师利用网络信息技术则主要是共享网络世界丰富的语文课程资源，并且利用社交软件与学生分享交流语文学习方法和成果等。所以，起初 G 老师认为使用 VR 技术和使用图像辅助语文教学的价值差不多，只不过 VR 技术是一个更为先进的视频播放技术罢了，VR 技术能给语文课堂教学带来革命性的改变吗？带着这些前期的想法和疑惑，G 老师开始参加学校组织的相关培训。

G 老师所在学校进行“VR 技术辅助语文教学”这一尝试性教学改革的教学环境由一家专业技术公司提供，平时学校并没有建立专门的沉浸式学习教室，需要 VR 技术辅助教学时，公司将设备临时安装在上公开课的地方。在这个环境中，老师有一个操作后台，学生有一个 VR 操作终端。老师的后台可以监测每一位学生在 VR 设备中观看到的情境性影像，并对学生的观看行为进行个别化、针对性引导。教师终端显示的影像也可以通过大屏幕播放，便于公开课上听课老师知道学生们看到的影像情况。学生终端有专门的 VR 眼镜和必需的操作设备。语文老师上课的 VR 课件也由这家公司制作，语文教师需要提供的就是设计思路和内容，一个 3 分钟左右的 VR 课件制作需要语文教师和技术人员共同工作 1 个多月时间。

G 老师参与的前期培训主要是 VR 技术与传统多媒体时代教学相比的先进之处，主要突出 VR 技术可以增强教学的情境性、交互性，激发学生的学习兴趣，弥补教学环境科技感落后于生活世界等方面的优势。在培训过程中，G 老师感受到，其实 VR 技术在职业教育和技术、体育操作类教学中较为适用，还有就是一些需要实物展示和实验展示的教学也可以借助 VR 技术提供真实的体验，增加所学内容的可理解性。对语言文学教育而言，外语也可以借助 VR 技术提供一些原汁原味的语言情境。但是，语文教学如何借助 VR 技术促进教学，在前期的培训中并没有太多涉及。

G 老师只好又去查阅相关的文献资料。VR 技术与学科教学融合方面的心理学理论是具身认知理论，教育学理论是经验学习理论，媒体学理论是冷热媒介区分理论。根据自己的教学经验，学生的语文学习过程中确实有时候需要进入一定的情境，在语言世界中实践并在实践中获得语文能力的提升是 G 老师的一种追求。同时经过学习和培训，G 老师也认识到，VR 技术属于冷媒介范畴，冷媒介需要学生的参与度较高，也就是说 VR 技术在语文教学中应该作为辅助媒介出现，而不能作为基本媒介，语言仍然应该是语文教学的基本媒介。带着培训和学习的收获，G 老师着手使用 VR 技术辅助自己的语文教学，前后在多方协助下经历了五次磨课。在不断的磨课中，G 老师努力利用 VR 技术提升自己的课堂教学效果。

可以将 G 老师的“磨课”过程概括为图 15。通过图 15 和研究过程介绍可以看出，因为使用 VR 技术辅助语文教学是一项探索性工作，所以本次研究目标的确定、研究课题设计、资料分析等都具有动态性和参与研究教师的主导性。启动这项研究的项目组只是想通过 G 老师等相关老师的研究收集信息，并没有明确的预期。G 老师的教研组也缺乏具备相关经验的老师，G 老师本身经历的也是一个自然的探索过程。这些都为本研究团队作为局外人进行职后语文教师专业发展研究提供了得天独厚的机会。本研究团队成员收集并分析了相关研究资料，了解 G 老师解决问题的认知过程，撰写了反思笔记。

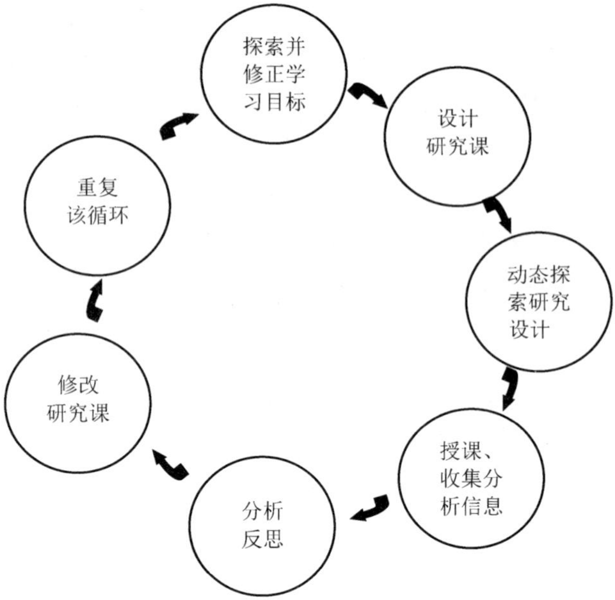

图 15 案例教师“磨课”程序示意图

（三）职后语文教师专业自主发展的动力

1. 自我理念与外在要求的冲突

有“野心”的职后语文教师往往有自己的教学目的观，外在的语文教育文化和要求不一定与职后语文教师的理念契合，当各种要素之间发生冲突，就有可能成为触发语文教师专业自主发展的关键性事件。从本案例可以看出，职后语文教师进行自主发展是在自我秉持的理念和外在要求的冲突中发展的。

首先，案例教师本身已经形成了较为稳定的教学理念。G 老师曾经在自己的博客中写道：

> 周日给学生留了作业，“读普希金的诗《我曾经爱过你》，写写你的感想”。我以为，在我那堂诗歌赏析课之后，他们会写出点不一样的作业。结果是，大部分作业仍像机器人打印出来

的模板："该诗形象鲜明，意境优美，读来朗朗上口……"真是令人哭笑不得！

孩子们，这样美丽的文字，你们读完，就只有这三段式八股文的评论么？

今早阅随笔，一个小女孩给我提意见了，说老师您上课讲题的时候能不能提高一点效率，您可以把标准答案打在大屏幕上，告诉我们重点语句啊。您现在总是说没有标准答案，这样写也行那样写也行，我还是不知道标准答案是什么。

看完这段我触目惊心。

我在想，语文课究竟要让我们干什么。我以为，母语课是让我们领略祖国语言文字无与伦比的美丽，让人纯熟地运用语言文字去交流，毫无阻碍地表达自己的内心。写作，表意准确，有感染力；口头交流，生动丰富流畅。

每个人的内心都有一条绵延不绝却意趣无穷的河流，大多数时候，这条河流只是一股暗涌，它的风景深深隐藏。可是从有文字的那一天起，我们得以让另一些人，看到这独特绝美的风景。读到文字，听到语言，我们知道对方的想法，我们产生共鸣，碰撞出火花，创造不朽的作品。究天人之际，通古今之变，成一家之言，我想这个，也许是人区别于其他动物的本质特征之一。

其次，面对外在的教学改革要求，案例教师选择了接受挑战。面对这样的情况，并不是每个语文教师都会选择探索未知的领域，那些具有教学改革精神的语文教师有较大的可能借助关键事件提升专业能力。

正是因为案例对象具有反思实践精神，所以当新的事物出现在自己的职业视野中时，她选择直面挑战，按下专业发展的按钮。从案例教师的表现看，真正具有自主专业发展的语文教师对外在要求并不是全盘接受，而是在自主反思中开展相关探究。这方面的内容，本研究会在后文逐渐呈现。

2. 对教学问题有效解决成就感的追逐

教学效能感是教师个体专业发展的主要保障，从个案的专业发展轨迹看，解决教学问题带来的成就感是专业发展的重要动力。因为有对解决教学问题成就感的追逐，才使案例教师探究相关问题时遇到焦虑能疏通，遇到困难想办法。

首先，有效教学是语文教学认知能力自主发展的旨归。G 老师在磨课的开始阶段并不顺利，通过不懈的努力，G 老师最后一次公开课上得非常成功。公开课之后，G 老师自己原来的本科实习指导教师，现在 B 市的教学名师 H 老师认为 VR 技术用得恰到好处，给人以启发。H 老师认真地对 G 老师说："用 VR 技术辅助语文课堂教学是一个新的尝试，也是一块新的研究领域，你在实用性文本和文学性文本的辨识方面做了很多工作，VR 技术用得恰到好处，通过这节公开课可以看出你经过了充分的准备，这一块我应该向你多多学习，欢迎你到我们学校来交流指导。"听到这样的话，G 老师很感动，欣然接受了邀请。在评课的时候博士师姐 Z 老师说："课上得很成功，很成熟，VR 技术用得也很好，而且没有因为使用 VR 这样先进的技术而忽视了课堂本有的语文课程价值。"这些评价给了 G 老师很大的鼓励。

G 老师所在的城市使用 VR 技术辅助课堂教学在小学语文教学阶段已经较为普遍，多用于一些科普文和说明文的教学中。但在初中阶段 G 老师的语文课应该是最早的尝试，尤其是在报告文学的文体教学中。在公开课后评课的开始阶段，课题组的负责人和相关专家明确提出，目前课题组想明晰的问题主要是"VR 技术在语文课堂教学中到底能不能用，如果能用该怎么用"。在评课环节课题组负责人 Z 老师强调了两点，"一是学生的表现中哪些是使用了 VR 技术带来的，二是哪些是不使用 VR 技术无法带来的"。这些评价与 G 老师前期的想法不谋而合。正如专家评课时所说，G 老师认为自己使用 VR 技术就是通过补充资料去解决问题，这应该是初高中语文课堂教学中使用 VR 技术的价值之一。通过 VR 技术可以将塔里木河对罗布泊产生影响的漫长过程快速地展现，口述和文字需要花很多时间，使用 VR 技术效率更高，传统的平面视频不能根据自己的想法制作，而 VR 技术可以根据课文的素材去开发，针对性特别强，更容易实现帮助学生理解文章的目的。对于 VR 技术辅助语文课堂教学的劣势，G 老师也有自己的看法：一个 VR 课件的制作针对具体的授课内容，而具体的教学内容却是由任课语文教师主导确定的，所以每一个 VR 课件的普适性不强。即使有现成的 VR 课件也不是每一位老师都用得了的；VR 课件制作周期长，制作成本特别高，所以进行推广的话还要继续深入的研究。

在 VR 技术辅助语文课堂教学的项目之后，项目组的 H 老师建议 G 老师关注“电子书包进课堂”这样的项目，现在很多教育产业公司正在针对中小学语文课程开发相应的产品。相比于前期对 VR 技术的态度，G 老师这次没有了排斥的情绪，既然已经是大势所趋，那就要利用好现有的条件提升自己的教学水平，只要不违背语文教育的本体性规律。

从以上的案例表现看，案例教师能够一步一步地成长，离不开外部评价主体的肯定，这些肯定转化成了语文教师教学认知能力自主发展的动力。

其次，挑战性的问题解决情境是职后语文教师专业能力自主发展的支撑。其实用 VR 技术辅助自己课堂教学实践探索的缘起是 2 年前的一次批判性阅读公开课，学校的领导和同事从 G 老师身上看到了年轻人探索教育问题的精神和潜力。准备 VR 技术辅助语文教学，经历了中间的数次磨课，最后在课题组和专家面前将这节课上完，也经历了 5 个多月的时间。在这段时间中，G 老师感觉到自己在思考，自己在成长。经历了探索之后，G 老师在最后却没有想象中的兴奋。公开课结束后，G 老师在自己的博客中这样写道：

今天上完了一个准备了很久、级别“有点高”的课，却没有想象中的兴奋与激动，反而异常平静。大抵一堂课磨到最后，成败得失了然于胸。面对谬赞，自己知道还有不足；面对不解也没有急于解释的冲动，只想报以一笑。值得记载的倒是别样的喜悦：本科时第一次观摩学习的导师坐在下面听课，研究生时给我上过课并令我折服的师姐坐在下面听课。人生何处不相逢！这真是最大的喜悦。诚如梁启超所说，这过程中的曲折变化多么有趣，这“业”还不值得我们去敬吗？

其实，两年前G老师将《罗布泊，消逝的仙湖》的核心教学价值定位于批判性阅读时很多同事不理解，她在学校算是借助语文课堂进行批判性思维培养的首批实践者。之后，随着语文教育领域批判性阅读教学的兴起，G老师才被逐渐理解和认可。今天，G老师又用VR技术辅助了语文课程教学，又算是走到了同行的前面。可能今后她在电子书包进课堂等领域也会有探索。能力的提升在改变中发生，G老师已经准备好迎接未来的机遇和挑战。

可见，职后语文教师面对的需要解决的教学问题首先要有提升教学有效性的可能，还要有新鲜的挑战性。本研究发现的教学案例非常典型，因为VR技术是个新事物，而案例教师本身也较为年轻，信息技术与语文课程教学整合本身既有趣味性又有挑战性，所以若干方面因素契合帮助职后语文教师提升了专业能力。

从这个案例可以看出，语文教师通过自主发展体验到收获，是教师继续进行自主专业发展的不竭动力。

3. 外在任务的完成

当然，语文教师专业发展也有外部动因，学生的学业追求、团队的教学改革需要、不想愧对师长的期望等都有可能成为语文教师专业成长的动力。

最后汇报的这节公开课，课题组负责人和市里的学科带头人都来听。G老师已经自认为准备得较为充分了。其实，她也知道下面听课的专家和老师对 VR 辅助语文教学到目前也没有一个明确的评价指标。下面的听课者作为研究者主要想通过对这些在开始阶段尝试 VR 技术辅助语文教学的上课情况进行观察，从而进行深入的理论研究，所以对这些听课的课题组老师来说，听课并不是为了评课，可能目前也只是一个收集研究数据的过程。即使这样，G 老师还是要将这节课上成功。

G 老师提前 20 分钟进入这次公开课的地点——学校的多功能报告厅，看到提供服务的公司已经将设备安装就绪，对于 VR 技术的后台操作，她已经很熟练了。学生是初二年级随机抽到的一个班，G 老师不是很熟悉班级学生的情况，但是应该和她自己教的学生差不多。台下听课的老师除了熟悉的校领导和同事外，就是课题组和专门请来的市里的语文教学名师。非常意外的是，课题组的负责人竟然是她读硕士时的一个博士师姐 Z 老师，而听课的教学名师竟然是她本科实习时的指导教师 H 老师。这时虽然不便和他们热情攀谈，但还是示意性地打了招呼，“我们还是我们，但是我们已经不是当时的我们，在一个新的平台和场合与师长对话其实是另外一番感受”。

学生进入了多功能厅，这所中学的学生参与公开课教学是常有的事情，所以他们也没有表现出紧张的样子。但是，G 老师想：学生们也不一定知道今天会用 VR 技术辅助上课。核心教学价值不变，但是学生变了，也使用了新的媒介辅助教学，后面的教学效果会如何？G 老师既有预期，也稍有忐忑。

开始上课了，G 老师采用的导入方式是对比性阅读，她预先在《地理学报》杂志上找了一段文献资料，这段资料是纯粹的说明文，主要内容是造成罗布泊干涸的原因。G 老师让学生对比阅读《地理学报》文献中的文章和课文，让学生回答一个问题：对于说明罗布泊干涸的原因，你更喜欢读哪一段文字？

正如 G 老师预期的那样，有的学生喜欢《地理学报》文献中的文章，他们的理由是这篇文章写得更客观、更严谨、更具有逻辑性；当然也有学生说喜欢课文，因为课文写得更为生动，更具有可读性。

凭借学生讨论的结果，G 老师顺势将学生的思路带到本文作为报告文学的特征上来，因为有了与前面纯粹的说明文的对比，所以学生对《罗布泊，消逝的仙湖》一文作为报告文学特征的理解就更容易了。之后，G 老师让学生再次通读课文，读完之后示意。当学生读完课文后，G 老师让学生戴上 VR 眼镜，让学生随着自己的引导，观看造成罗布泊干涸原因的视频。学生边看视频边听 G 老师的口述，从学生的面部表情和发出的啧啧之声可以判断，他们对 VR 情境带来的视觉冲击还是很感兴趣的。G 老师一边通过口述引导学生观看 VR 视频，一边在后台观察学生是否按照自己的引导在看视频，如果学生没有跟上自己的节奏，G 老师会在后台给学生一个提示。看完视频后，G 老师做了一个检测，发现这个班的学生在理解课文中造成罗布泊干涸原因的相关内容变得更容易了，而且效率更高。

紧接着，G 老师抛出了自己的核心问题：在造成罗布泊干涸的因素中，到底“人的介入”占有多大比重，你认为文章中的说法严谨吗？

显然学生在预习的时候并没有朝这个方向去思考，看到学生认真读课文的状态，G 老师觉得自己的这次公开课会成功。更让 G 老师欣慰的是，学生们并没有过多受到刚才看 VR 视频新奇感的影响，而是迅速地转入思辨性问题的探究。

随后的课程教学进入了 G 老师预想的进程，因为这个时候已没有 VR 技术这一“干扰”因素，而是进入了其熟悉的常规教学轨道。围绕文章是否严谨的问题解决又延伸出作者的用意探究，并涉及了报告文学的文学性和客观性矛盾统一的关系问题的探讨。

40 分钟的课堂教学结束了，同学们对课堂上问题的探讨仿佛意犹未尽。这节课虽然用了 VR 技术，但是 VR 技术只是辅助手段，最后同学们感兴趣的，对学生真正产生影响的还是 G 老师设计的批判性阅读的问题。在 G 老师的心中，这是语文课的精华所在。

从案例叙述中可以看出，G 老师的内心其实非常细腻。G 老师面对这个教学改革活动心情特别复杂，其中重要的方面就是能不能完成领导布置的任务，能不能令原来的师长满意，能不能达到原来上同一主题课的效果，等等，而外在的任务型动机也是驱动语文教师专业成长的原因。但是，这些外在因素必须要转化为教师自身的情感、态度和价值观才能真正发挥作用。

（四）职后语文教师专业能力自主发展的过程

根据学校要求，用 VR 技术辅助课堂教学的教学改革项目采用“磨课”的形式进行。磨课是基础教育阶段具有行动研究性质的教学准备或者教学研究行为。G 老师所在学校的磨课形式为，任课教师先自主备课和上课，然后同行和教研专家针对课堂教学情况提出修改建议，任课教师根据这些建议再次备课，再进行教学以及再次进行评议，几轮后直到达成课堂教学的预期效果。因为 VR 技术在营造情境方面的突出优势，所以，学校语文学科组综合课程进度、G 老师以往的教学特点和教学研究成果背景，还是决定以《罗布泊，消逝的仙湖》第二课时教学作为磨课对象。G 老师真正踏上了 VR 技术辅助语文教学的探索之旅。本研究通过案例分析，提炼了职后语文教师专业自主发展的三个过程。

1. 核心教学问题的聚焦

从案例教师的专业发展历程看，语文教师的自主发展建立在实践性教学问题解决基础之上。其实从一开始，G 老师就一直被一个问题困扰：课文核心教学价值的确定需要考虑 VR 技术吗？可以说，这个核心问题的解决一直伴随着研究全过程。

在采用 VR 技术辅助语文教学课程改革试验之前，G 老师就曾经在全校范围内上过一节《罗布泊，消逝的仙湖》第二课时的公开课。她的教学设计和核心教学价值的确定很有特点，并且课堂教学效果很好，学校听课的领导和老师对那节课给予了高度评价。G 老师《罗布泊，消逝的仙湖》第二课时的设计理念是这样的：

> 阅读方法受制于文本体裁，“辨体”是文章阅读的关键，在深入阅读文本前先对文本进行文体辨认，才能确定合适的阅读取向。在语文教学中，仅仅辨认了文体是远远不够的，还需要深入解读文本，结合学情、文本特征准确提取属于“这一篇”的教学价值，在横向纵向的对比中把握教学文本的本质。根据实用文阅读的分类，主要有理解性阅读、操作型阅读、批判性阅读以及研究性阅读，《罗布泊，消逝的仙湖》适用理解性阅读和批判性阅读。在教学过程中，教师应关注批判性思维的培养，做课堂的组织者和引导者，引导学生自主探究，鼓励课堂生成，最终使学生对文本有合理评估和创造性理解，实现文本的教学价值。

在语文教育界为人们所普遍认同的观点是，小学语文教文化、中学语文教文体、高中语文教文学。G 老师的教学首先认为要根据《罗布泊，消逝的仙湖》一文的文体特征进行教学价值的确定。很显然《罗布泊，消逝的仙湖》是一篇报告文学，借助这一篇文章帮助学生建立报告文学的文体意识，学生可以通过本篇文章的学习掌握基本的报告文学阅读方法，并在此过程中形成应有的语言文字运用能力是 G 老师教学设计和实施的价值指向。但是，不同时期不同作家笔下的报告文学样式又有其特征，所以报告文学的教学价值不是抽象的，也应在具体报告文学的文本范畴内去确定。本着这样的理念，G 老师通过《罗布泊，消逝的仙湖》一文的研读，最终确定指向这篇课文而不是其他篇课文的教学价值。根据普遍认同的观点，报告文学具有文学性、新闻性（或时效性）、真实性等特点。根据虚构和非虚构，可以从文学性和真实性两个角度去分析一篇报告文学，这也便于课堂讨论。G 老师本人对这样的观点也持认同意见，确实《罗布泊，消逝的仙湖》一文作为报告文学也体现了上述特点，她认为：

整体来看,《罗布泊，消逝的仙湖》文体特征是非常突出的。首先，文章引用了大量的史料、事实以彰显其真实性，显然作者在发挥报告文学的特长，把事实呈现在读者面前，让读者自己去发现事实之间的关联，得出结论，这是最有说服力的一种劝说方式；其次，文章中又不时地表现出强烈的抒情倾向，如“罗布泊，‘泊’字左边是三点水啊!”多处语气词的使用、感叹号的使用以及第一人称叙事的口吻彰显其文学性，情感极为强烈，读者能感受到作者迫切的说服感染的企图；最后，文章的劝说立场明显，结尾“救救青海湖，救救罗布泊，救救所有因人的介入而即将成为荒漠的地方”直接呼吁作者相信其结论并付出行动，这也是实用文的“实用性”决定的。

G 老师通过在本校观课和查阅相关资料获知，当下《罗布泊，消逝的仙湖》一文的教学价值指向主要集中在两个方面，一是将课堂教学重点放在探究“罗布泊的过去和现在”，课堂成为很多地理知识的大陈列；二是完全采用文学阅读的方法去教实用文，课堂上都有品味语言、掌握各种描写方法。G 老师认为这两种处理方式都没有凸显《罗布泊，消逝的仙湖》一文的核心教学价值。如果把这篇课文单纯上成地理知识的陈列课那么就丢掉了“语文味”。但是如果上成了文学阅读方法课，一方面冲淡了《罗布泊，消逝的仙湖》一文作为实用文体的特征，另一方面并不比其他课文更适合进行文学阅读教育。基于这样的考虑，G 老师通过阅读一些实用文体教学的理论文章去寻找答案。在阅读文献过程中，她看到语文课程研究专家王荣生教授的一段文章，文章认为实用文章阅读有理解性阅读、操作型阅读、批判性阅读、研究型阅读等多种阅读类型。理解性阅读目的是读懂文章说了什么，把握主要内容，是任何阅读的前提；操作型阅读需要学生在阅读后立即能进行行为上的操作，例如阅读说明书；批判性阅读则需要学生运用批判性思维对观点的相关证据进行评估，并得出合理的结论；研究性阅读则在掌握大量资料的基础上，基于作者提出的问题，研究“自己的问题”，有跨学科的特点。这些研究结论使G老师深受启发，基于自己对《罗布泊，消逝的仙湖》一文的研读和阅读理论文章的收获，G老师最终认为：

《罗布泊，消逝的仙湖》教学如果是作为语文课堂上的单篇阅读教学，理解性阅读和批判性阅读是在理解本文时都需要的，目的在于理解“作者说了什么”和“说的是否对”，而且重点应放在后者上，批判性阅读是比较合适的阅读取向。文章的报告意图是呼吁“救救所有因人的介入而即将成为荒漠的地方”，这是基于“罗布泊的荒漠化正是由于人的介入导致的”这个观点提出的。文章逻辑是用大量的事实证明这个观点，以期说服读者。因此，课堂阅读的重点在于探究文章呈现的事实与作者观点之间的联系，教师的作用是组织和引导自主探究。

其实G老师当时提出这样的教学理念比较大胆，学校的其他老师还没有批判性阅读的意识，更没有教学实践经验。尤其一些从教时间比较长的老师认为还是应该按照传统的知识点进行教学比较扎实，像G老师的教学好像有点偏离了语文。但是G老师一再重申自己的理念，她不断强调语文和思维的关系，认为现在的学生特别缺乏思辨，应该将思辨能力纳入语文课堂教学。基于这样的教学设计指向，G老师前期的公开课取得了不错的效果。首先，学生的反馈是，G老师的课区别于以往课堂关注机械的知识记忆和能力的机械训练，他们开始思考文本内在逻辑的合理性，也开始思考文本内容与现实问题之间的关系，将语文课堂所学与自己的精神成长之间的关系建立了起来。有的学生甚至在课堂上就直接表达到，G老师的语文课上得与众不同而且很有意思。

但是，接下来的磨课要使用VR技术，这与前面的教学又不同了。在前期的课程教学设计中，G老师聚焦于通过文本解读和理论学习确定一篇课文的核心教学价值，其实就是通过文本解读挖掘蕴含于一篇课文中独特的语文学科知识，并以此为基础建构语文课堂层面的课程内容。在这个过程中，G 老师并没有花更多的精力在教学媒介的使用上，她认为这节课用传统的基本媒介“语言”就可以满足课堂教学需要，虽然现在要使用 VR 技术，但是为了使用这个技术要改变客观存在的课文核心教学价值。

从上述案例对象问题解决心路历程的细致描绘可以看出，其实研究问题即语文教师自主发展的触发点，也是自主发展的驱动力，更是相关经验知识生产、发展的平台。

2. 多视角问题解决策略的批判性整合与重构

案例对象在问题解决过程中，因为有课题组、同侪的主体协助，可以获得很多问题解决策略，但是最终问题解决策略的制定还是教师个体在相关策略批判吸收基础上的重构，并不是对课题组等相关建议的复制。

第一次尝试使用 VR 技术辅助语文课堂教学的公开课在学校大会议室进行，两位语文教师进行公开课展示，G 老师上《罗布泊，消逝的仙湖》一文，另一位 N 老师上庄子的《秋水》。为了使用 VR 技术，G 老师还是修改了原来的教学设计，将自己的教学重点放在品味语言上，教学的价值指向认识报告文学写实性和文学性相结合的特点，基本上改变了先前“实用类文本批判阅读课”的性质。G 老师按照自己的意图，让技术支持公司给自己做了 VR 视频，视频的主要内容是“干涸后的罗布泊”。按照 G 老师的意图，技术支持公司提供了一个视频，但 G 老师还是觉得没有将自己的意图充分表达出来，由于时间仓促，整个画面也比较粗糙。G 老师反而觉得 N 老师《秋水》的 VR 视频做得很好。后来虽然有进一步修改，但是终究时间有限，加上与技术人员沟通方面的一些问题，最后的视频课件远没有达到她的预期。

上课之前，G 老师有很多预期，因为使用了 VR 技术播放视频，学生一定会感到新奇甚至会兴奋；因为使用了 VR 技术，学生对课文中一些场景的理解会更容易；因为使用了 VR 技术，可以调动学生的学习积极性，整个课堂氛围会更好。当然，G 老师也有一些担忧：用了 VR 技术会不会不好控制课堂纪律；用了 VR 技术会不会分散学生的注意力，因为学生摘了眼镜可能会继续沉浸在 VR 营造的虚拟世界中。

其中的一些预期成了现实，但是也有一些情况和预期是不同的。使用了 VR 技术后，学生的积极性确实提升了，课堂反应要比不用 VR 技术的时候活跃得多，即使那个视频 G 老师并不十分满意，但是学生们尤其是没有体验过 VR 情境的学生还是很兴奋，这在一定程度上实现了当时实验的初衷。但是，G 老师在教学过程中明显感觉到，与上次公开课相比学生的参与度其实是降低了，主要体现在后面的问题讨论环节，因为经过修改的这节课知识性的内容多了，探究性的环节少了，问题的深度也较上次课有所降低，所以学生思考问题的积极性和深入程度也打了折扣。

课后，学校领导的评课说了一些概括性优点，同时也谈到了 VR 技术如何与学科教学深度融合的话题。因为这次公开课主要围绕 VR 技术辅助语文教学展开，其他语文教师由于更缺乏这方面的经验，所以也没有发表实质性的见解。不过学校领导和同事也宽慰 G 老师说，这次实验也是尝试，课题组和学校并没有一个明确的预期目标，大家也是在摸索阶段，让 G 老师也不要有太多的压力。G 老师意识到，VR 技术与语文教学的整合之路还需要自己继续认真探索。

就 VR 辅助语文课堂教学的事情，G 老师求教于自己读研究生期间的博士师兄，他读的专业是语文教育心理，很多时候，他思考语文教育问题总有新的视角和境界。师兄当得知了 G 老师的备课和教学历程后，谈了自己的一些看法。这位师兄认为 G 老师前面的备课和教学着重思考了学科教学内容和教学媒介两个问题，但是最终这两方面的因素还得为学生语言智慧成长服务。这位师兄认为，现在大城市里的学生对 VR 技术并不陌生，但是传统语文课堂教学媒介环境的“科技逆差”确实也是客观存在，高科技的媒体看似并不是语文课堂教学必需的，但是也要注意到今后的学生可能会在虚拟世界中学习语文、体验语文和使用语文。针对某一节语文课，G 老师的师兄认为在不脱离语文的范畴内，应该着力解决那些使用传统媒介无法解决、只有运用 VR 技术才能解决的问题。师兄的话语使 G 老师受到了一些启发。

G 老师又请教了学校的一位语文特级教师，这位特级教师和 G 老师谈到，她的课堂教学设计一定是受到了 VR 技术的影响，其实技术是为课堂教学服务的，是课堂教学辅助，一篇课文核心教学价值的实现才应当是一堂语文课的目的。

到这里，G 老师基本确定了后面磨课的方向。一方面坚定了自己原来确定的将“批判性阅读”作为课文核心教学价值不能变，只需再去探寻在教学中哪些是只能借助 VR 技术可以实现，或者使用 VR 技术可以促进语文课堂教学效果提升的方面。

从案例的专业自主发展过程看，教师专业自主发展的开展与教师本身教学信念的牢固性密不可分，只有真正将自己作为实践性主体，才能实现具有自主生命意识的专业成长。

3. 个体拥有知识的继承和创新

外在的知识体系转化为一位语文教师的使用理论，必须通过语文教师的自我建构，但是这种自我建构并不是对原有知识体系的推倒和重建，而是在原有成功经验基础上的“嫁接”，这是本研究在 G 老师专业发展过程中提炼的扎根理论。

经过上一次磨课的“挫败”，G 老师也与另一位参加项目的语文教师 N 老师有过交流，N 老师也一直在对 VR 技术在语文课堂教学中的运用价值进行思考。因为庄子《秋水》这篇课文是从日常的生活场景上升到一定的哲学认知，进而在传统文化传承的范畴内进行文章的理解和相关问题的探究。N 老师的观点是，后面上升到哲学和文化层面的问题探究不适合用 VR 技术，但是对于场景的还原 VR 技术还是有作用的。所以，N 老师的 VR 课件制作主要指向秋水场景的还原，学生在虚拟现实环境中可以变换各种视角感受，调动多种感官体验庄子所描绘的场景。G 老师直言不讳地提出过自己的不同看法，G 老师就 N 老师的课评论道：

> 用 VR 技术还原场景要慎重，尤其对时空久远场景的还原。以《秋水》这篇课文为例，庄子所在时代对于“小”与“大”两个概念的理解与我们这个时代不同，庄子那个时代的场景也与我们这个时代不同。所以在《秋水》这篇课文的教学中，利用 VR 技术讲一些道理可能比直接呈现场景更具有价值。

观察 N 老师后面的教学，其还是没有接受 G 老师的建议。每个教师都有自己的教学理念，不同的教师对一项新生事物的认识也一定不同。G 老师决定紧守自己设定的核心教学价值，从学生的需要寻找突破口。

G 老师再一次回访了第一次上过自己公开课的同学，她想知道那节课给学生留下最深刻的印象是什么，哪些内容在当时学生觉得较难理解。被问到的多数同学认为 G 老师在课堂上让同学们辨析文章所用数据的真实性，以及文章所述内容是否可信这一环节很好，他们在阅读的时候并没有从这方面去考虑这篇文章，没有想到语文教科书中的课文也可以质疑。而学生普遍感觉上课过程中难以理解的是课文第 11 自然段，最后上完课也不是很懂那一段的意思。G 老师回想自己的几次课堂教学观察，确实学生们在上课时对第 11 自然段的理解并不是很顺畅。在与同事的交流中 G 老师也基本印证了《罗布泊，消逝的仙湖》一文的教学中，第 11 自然段的文字离学生的经验世界较远，理解起来较为困难。这一段的文字内容是这样的：

> 塔里木河全长 1321 公里，是中国第一、世界第二大内陆河。据《西域水道记》记载，20 世纪 20 年代前，塔里木河下游河水丰盈，碧波荡漾，岸边胡杨丛生，林木茁壮。1921 年，塔里木河改道向北流入孔雀河汇入罗布泊，导致塔里木河下游干旱缺水，三个村庄的 310 户村民逃离家园，耕地废弃，沙化扩展。解放后的 1952 年，塔里木河中游因修筑轮台大坝，又将

塔里木河河道改了过来。塔里木河下游生态环境得以好转，胡杨枝重吐绿叶，原来废弃的耕地长出了青草，这里变成了牧场。

根据自己的调研，G 老师再读文本，发现课文中确实有一些罗布泊干涸的原因性描述，这些描述在文章中有的时候集中，有的时候分散，对于那些文章意思理解和整合能力不强的学生来说，理解塔里木河断流的原因以及引起连锁反应的原理确实有难度。G 老师认为，如果再进行教学，她可以通过自己的言语表达将这一段文字所讲的意思说得更清楚，但首先是费时间，再就是能否引起学生的兴趣也未可知。而找寻现成的平面视频又极为困难，因为当初的场景已经不在。用 PPT 去演示又没有现场感和形象感，这个时候针对特定场景制作的 VR 课件的优势就会凸显。基于这样的考虑，G 老师联系技术人员开始下一步的视频课件制作。这次视频制作主要通过两个 3 分钟左右的 VR 视频展示塔里木河几次改道变化带来的生态环境变化及其对罗布泊消逝的间接影响。在与技术人员的反复沟通后，终于做出了两个较为满意的 VR 视频课件。

根据 G 老师的预期，用 VR 技术可以解决学生理解课文的后顾之忧，而且会提高上课的效率，也可以激发学生理解课文的积极性，或许还可以唤起学生借助网络资源理解课文的意识和能力。在此基础上，G 老师还是将自己的核心教学价值定位于课文所写内容真实性的批判性阅读。

从以上历程看，案例教师的专业自主发展需要问题解决作为触发点、驱动力和实践性知识生产载体，需要主动吸取多视角的外在解决策略，但是最终的问题解决还是自主化的实践性知识尝试和验证过程。

结　语

有感于目前职前和职后语文教师教育面临的问题，本研究一直寻找新的理论体系作为目前语文教师教育课程模块的补充，所以聚焦于语文教师教学认知能力。目前的语文教师教育一方面是理论知识的传授，这种方式因为没有实践情境而难以转化为职前和职后语文教师的使用理论。另一方面是实践能力培训。在职前语文教师教育中，主要表现为技能训练和实习。在具体的技能训练和实习中，师范生又因为在强势的实践共同体面前常常变成机械的观念接受者、内容复制者、模式模仿者，难以成为有自主发展能力的教师。职后语文教师的培训因为缺乏对语文教师专业发展特点的研究，所以效果也不是很理想。本研究认为，如果可以从凭借专业知识发展促进专业思维的发展这一基础出发，对语文教师进行培养，应该是抓住了语文教师教育的根本，而且也符合语文教师教育的实际。所以，本研究在《语文教师文本解读教学化》的基础上，重申了语文教学研究范式变革的问题，并在语文教师素养全方位分析的基础上，综合了教师认知研究理论，建构了语文教师教学认知能力结构理论。

本研究提出的语文教师认知能力结构理论有三方面的特点：第一，整合了认知资源、执行控制和自主发展，呈现了语文教师教学认知能力结构间系统联系的客观形态；第二，既体现了语文教师教学认知能力的结构维度，又体现了能力发展的动态关系；第三，突出了语文教师的学科属性，因为语文教师的学科知识不同，所以其教学认知能力也有其不同特点。

利用建构的语文教师教学认知能力结果，本研究对结构内的诸要素及其关系进行了系统细致的梳理。在认知资源部分，本研究从情境互动的视角，以语文学科知识为中心，首先描绘了在特定情境中语文学科教学知识的转化原理，并且解释了各种情境要素对语文教师学科教学知识构建的影响；接着对语文教师学科知识、学科教学知识和语文教学心理模型进行了理论探讨。在语文教师教学认知能力执行控制部分，本研究力图从语文教师完成特定的教学任务运用相应知识“如何思维”的视角梳理了相关要素的内涵。在自主发展部分，本研究在行动研究情境中，运用质性研究的方法，对职前和职后语文教师通过教学反思促进专业发展的案例进行了“精微透视”。

本研究的本意是从语文教师精神生活的真实世界出发，构建一个更符合语文教师专业发展的语文课程与教学理论体系，拓展语文教育研究视野。但是，因为占有材料、经验积累、理论水平等方面的限制，本研究也有几方面不足：第一，理论建构虽然与理论演绎和实证研究相结合，但是这些实证的样本多为本研究团队接触过的中小学一线语文教师，并未经过科学取样，研究过程并不是常规的规范化量化研究模型建构方式，多为定性思辨；第二，本研究虽然构建了语文教师教学认知能力结构和发展路径，但是已完成部分并没有构建语文教师教学认知能力的水平等级；第三，在局部理论的论述中，相关问题的阐述还不够详尽，局部行文逻辑和整体行文不太符合。

附录　语文教师素养结构维度表

<table>
<tr><th>领域</th><th>一级指标</th><th>二级指标</th><th colspan="2">三级指标</th><th>基本标准</th><th>行为表现</th></tr>
<tr><td rowspan="16">基础素质</td><td rowspan="15">心理素质</td><td rowspan="2">心理品质</td><td colspan="2">心理倾向</td><td>积极、乐观、向上</td><td rowspan="2">对人对事抱有积极乐观的心态</td></tr>
<tr><td colspan="2">心理发展水平</td><td>稳定、成熟</td></tr>
<tr><td rowspan="7">人格特质（包括情商）</td><td colspan="2">品格</td><td>人格高尚</td><td>具有高尚人格</td></tr>
<tr><td colspan="2">气质</td><td>气质高雅（浪漫端庄）</td><td>气质高雅</td></tr>
<tr><td colspan="2">性格</td><td>性格开朗、热情</td><td>性格开朗、热情</td></tr>
<tr><td colspan="2">情绪</td><td>情绪稳定</td><td>情绪稳定</td></tr>
<tr><td colspan="2">情感</td><td>感情细腻丰富</td><td>感情细腻丰富</td></tr>
<tr><td colspan="2">意志</td><td>坚定</td><td>具有坚定的意志品质</td></tr>
<tr><td colspan="2">兴趣爱好</td><td>具有广泛的兴趣爱好</td><td>具有广泛的兴趣爱好</td></tr>
<tr><td rowspan="6">一般智力</td><td colspan="2">观察力</td><td>具有敏锐的观察能力</td><td>对人事物有敏锐的观察能力</td></tr>
<tr><td colspan="2">注意力</td><td>稳定、持久、集中、分配</td><td>能有效注意到身边发生的细微事件</td></tr>
<tr><td colspan="2">记忆力</td><td>敏捷、持久</td><td>对人事物记忆得快而且持久</td></tr>
<tr><td rowspan="2">思维力</td><td>思维品质</td><td>清晰、深刻、灵敏、有创新性</td><td>具有灵敏的思维反应，有创新性</td></tr>
<tr><td>思维方式</td><td>具有科学正确的思维方式</td><td>思维逻辑清晰、严谨，认识深刻</td></tr>
<tr><td colspan="2">想象、联想力</td><td>想象、联想力丰富</td><td>联想和想象丰富</td></tr>
<tr><td>身体素质</td><td>—</td><td colspan="2">—</td><td>具有胜任教师岗位的身体条件</td><td>身体健康</td></tr>
</table>

续表

领域	一级指标	二级指标	三级指标	基本标准	行为表现
基础素养	人文素养	人文知识		文化底蕴丰厚	具有丰厚的人文知识与文化底蕴
		人文态度	对具体的人、事、物的情感态度	对人事物有正确的情感态度	关注人类命运，富有责任心、宽容心与正义感
			对社会、文化的情感态度	尊重多元文化	尊重不同国家民族、不同层次类型的文化
		人文方法	—	运用直觉、体验、内省等方法解决问题	能运用人文方法发现和解决问题
		人文修养	—	具有较高的审美能力	能够发现美、欣赏美，并具有阐发美的能力
	科学素养	科学视野	—	具有广阔的科学视野	关注科学发展前沿，具有广阔的科学视野
		科学知识	—	掌握一定的科学知识	掌握一定的科学知识
		科学信念	—	正确认识科学价值	相信科学、尊重科学
		科学态度	—	尊重科学	
		科学方法	—	能运用归纳、演绎、矛盾分析法等方法分析解决问题	能运用科学的思维和方法发现和解决问题
	媒介素养	基础知识	—	了解基础的媒介知识	了解基础的媒介知识
		价值判断	—	能够独立判断分析媒介信息的意义和价值（社会、学生、自身，正面及负面）	能够独立判断分析媒介信息的意义和价值
		信息获取与利用	—	能够有效地获取与利用媒介信息	能够有效地获取与利用媒介信息
		信息创造与传播	—	掌握创造和传播信息的知识和技巧	掌握创造和传播信息的知识和技巧

续表

领域	一级指标	二级指标	三级指标	基本标准	行为表现
职业素养	职业道德		—	以语文教师职业道德要求自己	自觉遵循教师职业道德规范
	职业思想	职业认同	—	认同语文教师职业的社会价值	具有传承祖国语言文化的责任感和使命感
					具有帮助学生完善人格的责任感和使命感
		职业认知	对教师、对教学、对学生	对语文教师职业有科学认识	熟知教师应具备的基本素养
		职业信念		有强烈的事业心（敬业精神）	能坚持对语文教育理想的不断追求
		职业情感	对语文学科	热爱语文学科	（略）
			对语文教育	热爱语文教育工作	
	职业意识	自我指向		能自觉意识到语文教师的职责	能意识到语文教师职业对自己行为的要求
		任务指向		自觉关注语文事件	随时随处关注与语文教育相关的事件
	职业行为	—	—	—	有强烈的好奇心
					有爱心
					有亲和力
					有幽默感
					有号召力
					具有教育机智，遇事能随机应变
					注重性情陶冶，具有高雅品位
	职业知识	知识品质	知识结构	具有合理的知识结构	具有宽广的知识面和合理的知识结构
			知识信念	相信语文知识的价值	（略）
			求知行为	对职业知识的不断追求	
		知识内涵	知识掌握	具有坚实的语文专业知识	掌握基本的汉语言知识
					掌握基本的文学知识和文本分析方法
				掌握教育学心理学知识	针对学生心理特点实施并调整自己的教学
				掌握语文学科教学知识	能够按照语文教学规律开展语文教学工作
				掌握多媒体应用知识	能根据学科特点将多媒体和语文教学有效整合
			知识运用	能够运用经验知识	注重经验的积累并能与已有经验进行整合
				能够运用专业知识	能将知识灵活并有创新地运用于语文教学实践

续表

领域	一级指标	二级指标	三级指标			基本标准	行为表现
职业素养	职业技能	基本技能	语言能力	语言感知	口头语言感知	具有对书面语言和口头语言的敏锐感知	具有对语言的敏感
					书面语言感知		
				语言理解	口头语言理解	能够准确理解说话人的真实意图	能够准确理解说话人的真实意图
					书面语言理解	能准确深入解读文本	能准确深入解读文本
						掌握正确的阅读方法	掌握正确的阅读方法
						具有良好的阅读习惯	具有良好的阅读习惯
				语言表达	口头语言表达	具有较强的口头语言表达能力	口齿清楚，能说流利的普通话
							能有感情地朗读
							具有较好的口才，话语具有感染力
							能准确传达教学信息
							掌握与学生沟通的语言技巧
					书面语言表达	具有较强的书面语言表达技能	能写一手好文章
							有写日记、随笔、下水文等良好的写作习惯
			书写能力			书写形式美观	写一笔漂亮的汉字
						书写内容规范	板书工整规范
						书写速度适中	书写速度合适
			沟通交流			态度积极主动	能采取倾听、回应、共情等方式积极主动与人交流
						方法恰当	
			电脑操作			掌握电脑及多媒体技术	能制作并使用有助于提高教学效率的课件

续表

领域	一级指标	二级指标	三级指标				基本标准	行为表现
职业素养	职业技能	专业技能	教前准备				了解语文课程标准	通过语文课程标准了解各级教学目标及关系
							熟悉语文教材（教科书）	准确把握语文教科书的编写理念与思路
								掌握语文教科书的基本内容
			教学设计	确定具体的语文教学目标			科学准确地确定具体教学目标	根据教学需要确定具体教学目标
							准确明白地陈述教学目标	运用科学方式准确陈述教学目标
				教学任务分析	学者分析	起点能力	对语文学习起点水平分析有正确认识	通过提问、练习、测验等形式确定学生起点水平
							了解学生语文学习起点水平的特点	
							能在教学前进行学生起点水平分析	能通过起点水平分析了解学生的需要
							掌握确定学生起点水平的方法	
					学情分析	一般特点	了解学生的学习背景	了解影响学生学习的背景因素
						认知风格	了解分析学生的认知风格	通过观察、访谈、调查等方式了解学生认知特点
							掌握分析学生认知风格的方法	
					教者分析	认知风格	分析自己的认知风格	分析自己的教学特点与认知风格
						教学特点	分析自己的教学特点	
					任务分析	学习类型	确定学习类型	根据学习类型分析学生的学习过程
						信息加工	确定信息加工过程	
				设计教学过程	组织教学材料		有效组织教学材料	根据不同类型学习特点组织教学材料
							有效确定教学材料的传递方式	依据学生认识特点确定学习任务的传递方式
					安排教学程序		合理安排教学结构模式	有意识地选择和设计适宜的语文教学模式
							合理组合与运用教学方法与教学媒体	根据需要合理组合运用教学方法与教学媒体
					确定评价方式		恰当选择评价方式	依据教学目标选择恰当的评价方式
					制定教学计划		合理制定教学计划	合理制定教学计划
				教学设计的效度评价			有效进行教学设计的效度评价	对初定的教学设计进行评价与修正
				教学设计的文字表达			能用教案形式将教学设计表达清楚	能根据教学设计编写教案

续表

领域	一级指标	二级指标	三级指标			基本标准	行为表现
职业素养	职业技能	专业技能	教学实施	维持积极心态（调节学习状态）		激发学习动机	能够利用多种方式激发学生的语文学习动机
						优化学习环境	根据需要创设良好学习环境与学习氛围
				优化教学操作		正确运用教学手段	正确运用教学语言、教学媒体、教学板书
							能掌握课堂提问的技术
						有效组织课堂教学	能根据需要进行教学时空安排、师生互动和各种教学因素的有效组合
				落实教学内容	语文知识积累	注重并有效指导学生进行语文知识积累	注重并有效指导学生进行语文知识积累
					阅读教学	重现文本语境及作者意图	在阅读教学中重现文本语境及作者意图
						引导学生对文本的认识、理解和感悟	教学中有自己独到的见解
							引导学生对文本的认识、理解和感悟
					作文教学	掌握作文命题的有效方法	能运用有效方法进行作文命题
						掌握作文指导、批改与讲评的方法	能有针对性地进行作文指导、批改与讲评
						掌握指导学生作文修改的方法	能有效地指导学生进行作文修改
						建立自己独特的作文教学体系	掌握作文教学的有效序列
							有自己独特的作文教学体系
					口语交际教学	自主设置口语交际话题	根据口语交际特点挖掘话题
						灵活运用多种形式	能够灵活运用多种口语交际教学的形式
						有效进行口语交际教学的组织与引导	有效进行口语交际教学的组织与引导
					语文综合性学习	自主挖掘课程资源	能依据语文综合性学习的特点挖掘课程资源
						合理设计学习活动	合理设计语文综合性学习活动
						掌握有效的指导方法	能有效进行跨学科的综合性学习指导
				实施教学监控		监控自己的教学情绪和教学行为	随时监控自己的教学情绪和教学行为
						监控学生的学习情绪和学习行为	随时监控学生的学习情绪和学习行为
				规范语文学习		有意识地培养学生良好的语文习惯	促进学生养成良好的语文学习习惯
						指导学生的语文学习方法	能够指导学生掌握高效的语文学习方法
						指导学生运用有效的语文认知策略	能指导学生运用有效的语文认知策略
				课堂秩序管理		保持良好的课堂秩序	能够正确看待和处理课堂教学事件

续表

<table>
<tr><th>领域</th><th>一级指标</th><th>二级指标</th><th colspan="3">三级指标</th><th>基本标准</th><th>行为表现</th></tr>
<tr><td rowspan="25">职业素养</td><td rowspan="25">职业技能</td><td rowspan="9">专业技能</td><td rowspan="7">教学评价</td><td rowspan="6">学生评价</td><td rowspan="2">评价技术</td><td>掌握语文试卷的编制技术</td><td>掌握语文试卷的编制技术</td></tr>
<tr><td>掌握布置、批改作业的技术</td><td>掌握布置、批改作业的技术</td></tr>
<tr><td>评价方式</td><td>根据需要采取不同的评价方式</td><td>能根据不同内容和阶段采取不同的评价方式</td></tr>
<tr><td rowspan="2">评价手段</td><td rowspan="2">掌握常用的评价手段</td><td>可以通过观察、档案袋、测验等手段对学生的</td></tr>
<tr><td>语文能力水平进行测量</td></tr>
<tr><td>评价结果分析</td><td>对测量结果作科学分析并得出合理结论</td><td>对测量结果作科学分析并得出合理结论</td></tr>
<tr><td colspan="2">自我评价</td><td>具有自我评价的意识和能力</td><td>能自觉运用恰当方式进行自我语文教学评价</td></tr>
<tr><td colspan="3" rowspan="2">教学反思</td><td>养成反思习惯</td><td>具有及时进行教学反思的习惯</td></tr>
<tr><td>掌握反思方法</td><td>掌握总结提炼，撰写教育叙事、反思笔记等反思方法</td></tr>
<tr><td rowspan="16">教研技能</td><td colspan="3" rowspan="2">问题意识</td><td>具有发现问题与解决问题的意识</td><td>善于发现语文教育教学中的问题，并作为研究课题</td></tr>
<tr><td>运用研究成果改善教学实践的意识</td><td>善于运用他人的研究成果改善自己的教学</td></tr>
<tr><td colspan="3" rowspan="11">研究实施</td><td rowspan="2">恰当选择研究课题</td><td>了解选题的基本要求、过程和方法</td></tr>
<tr><td>能够结合语文教学实践提炼研究选题</td></tr>
<tr><td rowspan="3">会检索、分析、利用信息</td><td>了解信息检索在教育研究中的作用</td></tr>
<tr><td>掌握信息检索与信息分析整理的基本方法</td></tr>
<tr><td>具有利用教育文献的能力</td></tr>
<tr><td>掌握语文教育研究理论</td><td>注意阅读相关理论书籍</td></tr>
<tr><td rowspan="3">掌握并运用研究方法</td><td>根据研究课题的目的要求选择方法</td></tr>
<tr><td>掌握选择研究样本的基本要求与基本方法</td></tr>
<tr><td>能够针对问题分析研究变量</td></tr>
<tr><td>能够独立进行研究设计</td><td>掌握研究设计的基本内容和基本要求</td></tr>
<tr><td>能够对研究结果进行分析</td><td>掌握定性与定量分析的方法</td></tr>
<tr><td colspan="3" rowspan="3">观点表述与评价</td><td>掌握教育研究成果表述的要求</td><td>了解学术研究方面的法律、法规和规范</td></tr>
<tr><td rowspan="2">掌握教育研究成果的主要表现形式</td><td>会撰写学术论文和研究报告</td></tr>
<tr><td>能在学术交流中准确表述自己的研究过程及成果</td></tr>
</table>

参考文献

专著和教材：

1. 李瑛，王志强，张钧. 语文教材解析[M]. 西安：陕西师范大学出版社，2010.

2. 李瑛，王志强，张钧. 中学语文教学论[M]. 西安：陕西师范大学出版社，2010.

3. 张钧. 语文教师文本解读教学化研究[M]. 北京：中国社会科学出版社，2015.

4. 克里斯·阿吉里斯，唐纳德·A. 舍恩. 实践理论：提高专业效能[M]. 邢清清，赵宁宁，译. 北京：教育科学出版社，2008.

5. 刘淼. 当代语文教育学[M]. 北京：高等教育出版社，2005.

6. 刘淼. 作文心理学[M]. 北京：高等教育出版社，2001.

7. 徐鹏. 发展学科教学知识：语文教师专业成长的新路径[M]. 北京：北京师范大学出版社，2016.

8. 汪青松. 科学教育与人文教育[M]. 合肥：合肥工业大学出版社，2006.

9. 蔡铁权. 物理教学丛论：基础教育课程改革视野下的中学物理教学[M]. 北京：科学出版社，2005.

10. 李运富. 汉字学新论[M]. 北京：北京师范大学出版社，2012.

11. 陈毛美，郑蓉芳. 中国语文教材教法[M]. 长春：东北师范大学出版社，1990.

12. 邓彤. 邓彤讲语文[M]. 北京：语文出版社，2008.

13. 董蓓菲. 语文教育心理学[M]. 上海：上海教育出版社，2004.

14. 董奇. 心理与教育研究方法[M]. 北京：北京师范大学出版社，2004.

15. 范良火. 教师教学知识发展研究[M]. 上海：华东师范大学出版社，2003.

16. 韩军. 韩军与新语文教育[M]. 北京：北京师范大学出版社，2006.

17. 韩雪屏. 中国当代阅读理论与阅读教学[M]. 成都：四川教育出版社，1998.

18. 韩雪屏. 语文教育的心理学原理[M]. 上海：上海教育出版社，2001.

19. 洪汉鼎. 理解与解释：诠释学经典文选[M]. 北京：东方出版社，2001.

20. 蒋成瑀. 读解学引论[M]. 上海：上海文艺出版社，1998.

21. 贾腊生. 教师专业发展论[M]. 长春：东北师范大学出版社，2008.

22. 李海林. 李海林讲语文[M]. 北京：语文出版社，2008.

23. 李海林. 言语教学论[M]. 上海：上海教育出版社，2000.

24. 李琼. 教师专业发展的知识基础：教学专长研究[M]. 北京：北京师范大学出版社，2009.

25. 李颖，张彬福. 小学语文教育学课程学习指导书[M]. 北京：高等教育出版社，2000.

26. 李镇西. 李镇西与语文民主教育[M]. 北京：北京师范大学出版社，2006.

27. 刘永康. 西方方法论与现代中国语文教育改革[M]. 北京：人民出版社，2007.

28. 鲁忠义，彭聃龄. 语篇理解研究[M]. 北京：暨南大学出版社，2008.

29. 罗树华，李洪珍. 教师能力学[M]. 济南：山东教育出版社，2000.

30. 孟庆茂，刘红云，赵增梅. 心理与教育研究方法、设计与统计分析[M]. 北京：高等教育出版社，2006.

31. 莫雷. 阅读与学习心理的认知研究[M]. 北京：北京师范大学出版社，2005.

32. 彭聃龄，张必隐. 认知心理学[M]. 杭州：浙江教育出版社，2004.

33. 彭聃龄. 普通心理学[M]. 北京：北京师范大学出版社，2004.

34. 钱理群，孙绍振，王富仁. 解读语文[M]. 福州：福建人民出版社，2010.

35. 钱梦龙. 导读的艺术[M]. 北京：人民教育出版社，1995.

36. 上海教育学院中文系. 于漪教案选[M]. 上海：上海教育出版社，1984.

37. 申继亮. 中学语文教学心理学[M]. 北京：北京教育出版社，2001.

38. 施良方，崔允漷. 教学理论：课堂教学的原理、策略与研究[M]. 上海：华东师范大学出版社，1999.

39. 施良方. 课程理论：课程的基础、原理与问题[M]. 北京：教育科学出版社，1996.

40. 苏立康. 中学语文教学研究[M]. 北京：中央广播电视大学出版社，2003.

41. 孙绍振. 文本细读——微观分析个案研究[M]. 上海：上海教育出版社，2009.

42. 王策三. 教学论稿[M]. 北京：人民教育出版社，2005.

43. 王荣生. 语文科课程论基础[M]. 上海：上海教育出版社，2003.

44. 王崧舟. 王崧舟讲语文[M]. 北京：语文出版社，2008.

45. 闫国利. 阅读发展心理学[M]. 合肥：安徽教育出版社，2004

46. 叶苍岑. 中学语文教学通论[M]. 北京：北京教育出版社，1984.

47. 余文森. 个体知识与公共知识：课程变革的知识基础研究[M]. 北京：教育科学出版社，2010.

48. 于漪. 于漪与语文教育教学求索[M]. 北京：北京师范大学出版社，2006.

49. 张必隐. 阅读心理学[M]. 北京：北京师范大学出版社，2004.

50. 张大均. 教育心理学[M]. 北京：人民教育出版社，1999.

51. 张鸿苓，夏秀蓉，张锐. 语文教育学[M]. 北京：北京师范大学出版社，1993.

52. 张鸿苓，张锐. 中学语文教学[M]. 北京：光明日报出版社，1987.

53. 张金桥. 汉语阅读与习得的认知心理研究[M]. 广州：北京语言大学出版社，2003.

54. 张学民. 教师职业发展与培训：教师教学专长发展的研究[M]. 北京：知识产权出版社，2007.

55. 周庆元，王松泉. 语文教师职业技能训练教程[M]. 北京：高等教育出版社，1996.

56. 周庆元. 中学语文教育心理研究[M]. 长沙：湖南师范大学出版社，1999.

57. 周庆元. 中学语文教学原理[M]. 长沙：湖南教育出版社，1992.

58. 周庆元. 中学语文教育心理研究[M]. 长沙：湖南师范大学出版社，1999.

59. 朱绍禹. 语文教育学[M]. 北京：中央广播电视大学出版社，1987.

60. 朱绍禹. 中学语文课程与教学论[M]. 北京：高等教育出版社，2005.

61. 朱晓民. 于漪语文教学知识发展研究[M]. 太原：山西教育出版社，2006.

62. 朱晓民. 语文教师教学知识发展研究[M]. 北京：教育科学出版社，2010.

63. 朱旭东，胡艳. 中国教育改革 30 年：教师教育卷[M]. 北京：北京师范大学出版社，2009.

64. 英加登.对文学的艺术作品的认识[M]. 陈燕谷，译. 北京：中国文联出版社，1988.

65. 保罗・利科尔. 解释学与人文社会科学[M]. 陶远华，等译. 石家庄：河北人民出版社，1987.

66. 杜威著. 民主・经验・教育[M]. 彭正梅，译. 上海：上海人民出版社，2009.

67. Linda Darling-Hammond. 有力的教师教育[M]. 鞠玉翠，等译. 上海：华东师范大学出版社，2009.

68. 皮亚杰. 发生认识论原理[M]. 王宪钿，等译. 北京：商务印书馆，2009.

69. 泰勒. 课程与教学的基本原理[M]. 罗康，张阅，译. 北京：中国轻工业学出版社，2008.

70. 维果斯基. 思维与语言[M]. 李维，译. 杭州：浙江教育出版社，1997.

71. 威廉 F. 派纳，威廉 M. 雷诺兹，帕德里克・斯莱特里，彼得 M. 陶波曼. 理解课程——历史与当代课程话语研究导论[M]. 张华，等译. 北京：教育科学出版社，2003.

72. 尤・克・巴班斯基. 教学过程最优化[M]. 张定璋，等译. 北京：人民教育出版社，2007.

73. 佐藤学. 课程与教师[M]. 钟启泉，译. 北京：教育科学出版社，2003.

论文集和工具书：

1. 顾黄初，李杏保. 二十世纪前期中国语文教育论集[C]. 成都：四川教育出版社，1991.

2. 洪汉鼎. 理解与解释——诠释学经典文选[C]. 北京：东方出版社，2001.

3. 叶圣陶. 叶圣陶语文教育论集[C]. 北京：教育科学出版社，1980.

4. 张定远. 中学著名语文特级教师教育思想精粹[C]. 北京：语文出版社，1999 .

5. 布鲁纳. 布鲁纳教育论著选[C]. 邵瑞珍，等译. 北京：人民教育出版社，1989.

6. Ian Westbury，Neil J. Wilkof. 科学、课程与通识教育：施瓦布选集[C]. 郭元祥，乔翠兰，等译. 北京：中国轻工业出版社，2008.

7. 戴维. H. 乔纳森. 学习环境的理论基础[C]. 郑太年，等译. 上海：华东师范大学出版社，2002.

8. 罗伯特・哈钦斯，等. 西方名著入门(第9卷 哲学)[C]. 北京：商务印书馆，1995.

9. 林志伟，何爱英. 现代汉语新词语词典[Z]. 北京：商务印书馆国际有限公司，2005.

10. 朱智贤. 心理学大词典[Z]. 北京：北京师范大学出版社，1989.

11. 郑振涛. 语文百科大典[Z]. 北京：国际文化出版公司，1996.

学位论文：

1. 鲍道宏. 教师课程理解初探——以语文新课程实验为例[D]. 华东师范大学博士学位论文，2008.

2. 陈隆升. 语文课堂教学研究——基于"学情分析"的视角[D]. 上海师范大学博士学位论文，2009.

3. 陈勇. 论语文课程的实践品格[D]. 西南大学博士学位论文，2010.

4. 陈振华. 论教师成为教育知识的建构者[D]. 华东师范大学博士学位论文，2010.

5. 姜美玲. 教师实践性知识研究[D]. 华东师范大学博士学位论文，2006.

6. 刘清华. 教师知识的模型建构研究[D]. 西南师范大学博士学位论文，2003.

7. 汪霞. 课程研究：从现代到后现代[D]. 华东师范大学博士学位论文，2002.

8. 王建峰. 语文文本解读的自我教育性格[D]. 湖南师范大学博士学位论文，2010.

9. 杨豫晖. 数学教师教学决策研究[D]. 西南大学博士学位论文，2009.

10. 于源溟. 预成性语文课程基点批判[D]. 湖南师范大学博士学位论文，2004.

11. 张潮珍. 教师教学决策研究[D]. 华东师范大学博士学位论文，2009.

12. 赵炳辉. 新课改视域下教师课改意识研究[D]. 东北师范大学博士学位论文，2009.

13. 郑飞艺. 小学语文课程组织变革研究——基于实践的考察[D]. 华东师范大学博士学位论文，2009.

14. 周敏. 语文课程动姿化知识研究[D]. 湖南师范大学博士学位论文，2010.

15. 周燕. 语文科文学课程研究[D]. 华东师范大学博士学位论文，2007.

16. 高晶. 课例研究：语文教师话题 PCK 的提炼与改善[D]. 上海师范大学博士学位论文，2012.

17. 高玲. 普通高中语文教师课堂教学决策研究[D]. 陕西师范

大学博士学位论文，2018.

期刊：

1. 蔡辰梅."我"和"我所教的课"：教师与课程的具体关系研究[J]. 教育理论与实践，2007（2）.

2. 曹明海. 当代文本解读观的变革[J]. 文学评论，2003（6）.

3. 程翔. 试论语文教师的课堂教学能力[J]. 课程・教材・教法，2005（5）.

4. 董汀丰. 对话状态下的语感培养[J]. 课程・教材・教法，2004（7）.

5. 巩子坤，李森. 论情境认知理论视野下的课堂情境[J]. 课程・教材・教法，2005（8）.

6. 郭建强.《孔乙己》文本解读[J]. 文学教育，2010（12）.

7. 郭元祥. 课程理解的转向：从"作为事实"到"作为实践"——兼论课程研究中的思维方式[J]. 课程・教材・教法. 2008（1）.

8. 顾振彪. 回望六十年中学语文教材改革的轨迹[J]. 语文建设，2009（Z1）.

9. 韩雪屏. 阅读教学中的多重对话. 全球教育展望[J]. 2003（9）.

10. 何国勇.《边城》的文本解读[J]. 文学教育，2010（2）.

11. 胡敏刚. 文本解读的三种切入法[J]. 语文教学通讯，2008（5）.

12. 黄慧静，辛涛. 教师课堂教学行为对学生学业成绩的影响：一个跨文化研究[J]. 心理发展与教育，2007（4）.

13. 黄玉峰. 既雕既琢，复归于朴：《世间最美的坟墓》教学札记[J]. 语文学习，2005（1）.

14. 冷群. 文本解读——语文教学之根[J]. 中国教师，2009（11）.

15. 李海林. 语文教学内容研究的进展、问题及策略[J]. 中学语文教学，2010（10）.

16. 李丽华. 语文教师学科教学知识结构及建构[J]. 宁夏大学学报（哲学与社会科学版），2010（4）.

17. 刘儒德. 建构主义：知识观、教学观、学习观[J]. 人民教育，2005（17）.

18. 李维鼎. 阅读理论的分歧、阅读理解的弹性与阅读教学策略[J]. 语文学习，2004（2）.

19. 李伟胜. 学科教学知识的核心因素及其对教师教育的启示[J]. 教师教育研究，2009（3）.

20. 李玉山. 文本解读的三个维度[J]. 天津教育，2010（11）.

21. 李镇西. "礼教"何以杀人：《祝福》教学实录及整理附言[J]. 新语文学习（教师版·中学专辑），2006（2）.

22. 林崇德，申继亮，辛涛. 教师素质的构成及其培养途径[J]. 中国教育学刊，1996（6）.

23. 林崇德，申继亮，辛涛. 论教师教学监控能力提高的方法和途径[J]. 北京师范大学学报（人文社会科学版），1998（1）.

24. 刘丽萱. 浅谈中学语文教师的阅读视域[J]. 教研天地，2009（11）.

25. 刘淼. 当代语文学学科体系的建构[J]. 语文建设，2005（3）.

26. 刘淼，张钧. 中学语文教师对专业知识重要性评价的研究[J]. 内蒙古师范大学学报（教育科学版），2011（12）.

27. 龙协涛. 中西读解理论的历史嬗变与特点[J]. 文学评论，1993（2）.

28. 罗昆霞. 文本解读的三个视角[J]. 语文教学通讯，2009（11）.

29. 吕叔湘. 关于语文教学的两点基本认识[J]. 文字改革，1963（4）.

30. 孟宪承. 初中国文之教学[J]. 新教育，1924（9）.

31. 莫雷. 初中三年级学生语文阅读能力结构的因素分析研究

[J]. 心理学报，1990（1）.

32. 莫雷. 小学六年级学生语文阅读能力结构的因素分析研究[J]. 心理科学通讯，1990（1）.

33. 莫雷. 中小学语文阅读能力结构的发展特点，心理学报[J]. 1992（4）.

34. 彭金红，黄伟. 语文教师与他的课程：试论教师对教科书选文的解读与阅读教学的关系[J]. 教育科学研究，2008（4）.

35. 钱梦龙. “会读”才能“善教”[J]. 中学语文，1995（6）.

36. 乔晓华. 教师成长的关键——缄默知识向实践知识的转化[J]. 内蒙古师大学报（教育科学版），2007（7）.

37. 申继亮，王凯荣. 论教师的教学能力[J]. 北京师范大学学报（人文社会科学版），2000（1）.

38. 苏立康. 语文教师要有独立阅读的能力[J]. 中学语文教学，2000（1）.

39. 孙绍振. 平等对话和教师心理图式的深化[J]. 课程·教材·教法，2008（6）.

40. 谭小红. 教师性别在文本解读中的作用[J]. 教研天地，2010（9）.

41. 唐泽静，陈旭远. 学科教学知识视域中的教师专业发展[J]. 东北师大学报（哲学社会科学版），2010（5）.

42. 王本陆. 教学认识论三题 [J]. 教育研究，2001（11）.

43. 王荣生. 建设确定性较高的语文教材[J]. 语文建设，2007（4）.

44. 王荣生. 语文教学内容问题的“面对”[J]. 中学语文教学，2010（10）.

45. 王荣生. 教学艺术的落脚点是教学内容[J]. 课程·教材·教法，2007（5）.

46. 王荣生. 确定教学内容：不应是问题的问题[J]. 中学语文教学，2010（9）.

47. 王世堪，章熊. 试谈中学语文教师的业务素养[J]. 北京师范大学学报（哲学与社会科学版），1982（1）.

48. 王相文."阅读指导模式"建构的理论探析[J]. 课程·教材·教法，2000（12）.

49. 王艳萍. 语文文本解读策略初探 [J]. 广西教育，2011（2）.

50. 吴天石. 加强语文基础知识教学和基本训练[J]. 江苏教育，1962（12）.

51. 邢秀凤. 重视初始阅读体验，提高阅读教学质量[J]. 课程·教材·教法，2007（2）.

52. 徐刚. 文本解读宜从细节进入[J]. 文学教育，2008（6）.

53. 徐章韬，龚建荣. 学科知识与学科教学知识在课堂教学中的有机融合[J]. 教育学报，2007（6）.

54. 杨彩霞. 学科教学知识的本质、特征与结构[J]. 教育科学，2006（2）.

55. 姚梅林. 从认知到情境：学习范式的变革[J]. 教育研究，2003，（2）.

56. 姚梅林，汪泽荣，吕红梅. 从学习理论的变革看有效教学的发展趋势[J]. 北京师范大学学报（社会科学版），2003，（5）.

57. 殷伟. 切切实实提高中学语文教学质量[J]. 上海教育，1961（9）.

58. 游泽生. 从文本解读走向教学设计[J]. 小学语文教学·会刊，2011（2）.

59. 于漪. 读懂还真不容易[J]. 语文教学通讯，2005（5）.

60. 张超，管然荣. 语文课堂上的"探究"应该探究什么[J]. 中学语文教学，2009（9）.

61. 张棣华. 反对繁琐哲学，坚持精讲多练[J]. 人民教育，1977（6）.

62. 张华. 走向课程理解：西方课程理论新进展[J]. 全球教育展望，2011（7）.

63. 张学民，林崇德，申继亮. 小学语文和数学教师课堂信息加工能力的研究[J]. 心理科学，2006（6）.

64. 张振新，吴庆麟. 情境学习理论研究综述[J]. 心理科学，2005（1）.

65. 赵冬臣，马云鹏，韩继伟，宋祥. 语文教师专业知识来源调查与分析[J]. 教师教育研究，2009（6）.

66. 赵洪琴. 教师文本解读存在的问题和思考[J]. 教学与管理，2009（12）.

67. 郑碧筠. 语文教师专业发展的关键[J]. 课程·教材·教法，2007（8）.

68. 衷克定，申继亮，辛涛. 论教师的知识结构及其对教师培训的意义[J]. 中国教育学刊，1998（3）.

69. 周钧. 美国教师专业发展范式的变迁[J]. 比较教育研究，2010（2）.

70. 张燕玲. 从百年语文教育变革看语文教育的本质[J]. 当代教育与文化，2009（11）.

71. Sternberg R. J.，Hovath J. A.. 专家型教师教学的原型观[J]. 华东师范大学学报（教育科学版），1997（1）.

72. 周风. 语文教师要勤学苦练基本功[J]. 语文学习，1980（3）.

73. 侯文达. 语文教师修养漫谈[J]. 语文教学通讯，1981（6）.

74. 谭惟翰. 语文教师的听说读写[J]. 语文教学通讯，1981（6）.

75. 王世堪，章熊. 试谈语文教师的业务修养[J]. 北京师范大学学报，1982（2）.

76. 张世功. 我谈中学语文教师的业务修养[J]. 语文学习，1983（3）.

77. 罗竹风. 漫谈语文教学和教师修养[J]. 语文学习，1979（3）.

78. 钱威. 论中学语文教师的地位、作用和素养[J]. 湖州师专学报（社会科学版），1984（2）.

79. 李吉林. 为儿童快乐学习的情境教学[J]. 课程·教材·教

法，2013（2）.

80. 吴泓. 学习的本质：“教不是学”：例说专题学习或“整本书阅读”教学的“两次转换”[J]. 语文教学通讯，2019（11）.

81. 李煜晖. 略谈整本书课程方案的设计[J]. 中学语文教学，2017（2）.

82. 徐金雷. 国际学科教学知识的文献计量研究[J]. 课程·教材·教法，2018（3）.

83. 陈向明. 参与式行动研究与教师专业发展[J]. 教育科学研究，2006（5）.

84. 江淑玲. 师徒互动中实习生学科教学知识的发展[J]. 教育学术月刊，2017（7）.

85. 姚文峰. 走向生活：教育行动研究的本体意义[J]. 教育研究，2018（2）.

86. 陈笑飞，任春华，郝志军. 论行动研究促进教师专业发展的机制——哲学解释学的视角[J]. 教师教育研究，2018（7）.

87. 陈向明. 范式探索：实践——反思的教育质性研究[J]. 北京大学教育评论，2010（4）.

88. 李莉春.“信奉理论”与“实践理论”之辩及其对教育实践的意义[J]. 外国教育研究，2010（1）.

89. 陈向明. 教育质性研究概念框架的本土探索——以一项实习生与指导教师互动的研究为例[J]. 北京大学教育评论，2010（4）.

外文文献：

1. Bruner J. S. (1966). Toward a theory of instruction. Cambridge, MA: Harvard University Press.

2. Brown J. S., Collins A., Duguid P. (1989). Situated Cognition and the culture of learning. Educational Research.

3. Clark C. M., Peterson P. L. (1986). Teacher’ thought processes. In M. Wittrrock (ED.). Handbook of research on teaching. Macmillan.

4. Clark C. M., Yinger R. (1979). Teachers' thinking. In P. L. Peterson, H. J. Walberd (eds.) Research on teaching. Berkeley, CA: McCutchan.

5. Cochran K. F., etc. (1993). Pedagogical Content Knowing: An Integrative Model for Teacher Preparation. Journal of Teacher Education, (4).

6. McEwan H., Bull B. (1991). The pedagogical nature of subject matter knowledge. American Educational Research Journal, 28.

7. Gage N. (1984). The scientific basis of the art of teaching. New York: Teacher College Press.

8. Grossman P. L. (1990). The making of a teacher: Teacher knowledge and teacher education. New York: Teachers College Press.

9. Grossman P. L., Wilson S. M., Shulman L. (1989). Teacher of substance: subject matter knowledge for teaching. In M. C. Reynolds (Ed), Knowledge base for the beginning teacher. Oxford, England: Pergamon Press.

10. Ma L. (1999). Knowing and Teaching Elementary Mathematics: Teachers' Understanding of Fundamental Mathematics in China and the United States. Mahwah, NJ: Lawrence Erlbaum Associates.

11. Norman D. A. (1993). Cognition in the head and in the world: An introduction to the special issue on situated action. Cognition Science, 17(1).

12. Shavelson R. J., Stern P. (1981). Research on teachers' pedagogical thoughts, judgments, decisions, and behavior. Review of Educational Research.

13. Schon D. (1986). The reflective practitioner, How professionals think in action, NY: Basic Book.

14. Schwab J. (1969). The practical: A Language for curriculum.

School Review, 78 (1).

15. Schwab J. J. (1973). The practical: Translation into curriculum. School Review, 81.

16. Schwab J. J. (1978). Education and the structure of the disciplines. In I. Westbury, N. Wilkof (Eds.), Science, curriculum, and liberal education. Chicago: University of Chicago Press.

17. Shulman L. S. (1986). Those who understand: Knowledge growth in teaching. Educational Researcher, 15(2).

18. Shulman L. S. (1987). Knowledge and teaching: Foundations of the new reform. Harvard Educational Review, 57(1).

19. Wenger E. (1998). Communities of practice: learning meaning and identity, Cambridge University Press.

20. Wong N. Y. (2002). Conceptions of Doing and Learning Mathematics among Chinese. Journal of Intercultural Studies, 23(2).

后　记

这本书是我博士学位论文《语文教师文本解读教学化研究》的后续研究成果。在它即将付梓之际，我想感谢我的博士生导师刘淼教授，正是导师在语文教学心理和语文教师教育两个方向的学术引导，帮助我找到了自己的学术研究方向和路径。我之所以选择语文教师认知能力作为研究对象，是因为这个领域具有现实的研究价值。

作为一名高等师范院校中文系的语文课程与教学论专任教师，我一直在探寻能够将基础教育阶段语文教育和高等师范院校职前语文教师教育进行融合研究的方向。在总结语文教师素养研究相关成果的基础上，语文教师教学认知能力这一主题进入了我的研究视野。我从基于数据分析的量化研究开始，之后采用调查研究和质性研究的方式走入了一个个语文教师课程建构和教学实施的精神世界。在语文教师认知能力研究这一个点上，对语文课程、语文教学、语文教师专业发展等方面研究中存在疑惑的理论问题进行了思辨和验证，并力图将研究成果落实到语文教师教育实践中。本书力图客观描绘一幅语文教师教学认知能力的要素图景和一条语文教师教学认知能力的成长路径。但是，我也深知自己水平有限，书中很多内容的研究并未充分展开。

语文教师教学认知能力研究还属于跨学科的新型研究话题，交叉学科的研究成果面世较为艰难，希望可以借助多方批评意见帮助我进一步阐明和完善观点，推进语文教育研究的发展。

感谢硕士生导师李瑛教授的长期支持和鼓励，老师在关键时刻的温暖关怀和温柔鞭策，使我不敢放松书稿的写作。感谢师兄王志强教授不断向我输送睿智的观点和乐观的情绪。

感谢我的母校内蒙古师范大学。特别感谢文学院领导和同事一直以来的帮助，正是因为他们在经济和精神方面的大力支持，使我能分出精力、保有活力开展学术研究。

本书的完成离不开家人的支持，在本书写作最紧张的时期妻子张瑞芳承担了所有的家务，父母一力承担了两个女儿的看护工作，两个乖巧女儿的成长变化也给了我无尽的动力。

本书的完成和顺利出版，需要衷心感谢南开大学出版社编辑老师的辛勤付出。